化解
人生煩惱的
八大練習

あなたのその苦しみには意味がある

資深心理師的獨到觀察，
化成你的轉念心法

諸富祥彥——著　林詠純——譯

用整個生命的縱深看待人生困境，是此書最令我激賞的地方。此書的見解不僅為困境提供出口，更藉此為人生注入新的養分，教導我們如何在暴雨後的河床上，找到一顆顆被翻攪而上的珍貴寶石。

——諮商心理師／作家　黃錦敦

目次

第二章　工作上的煩惱

第三章 人際關係的煩惱

第四章 婚姻與夫妻關係的煩惱

第五章 養兒育女的煩惱

第八章 疾病的煩惱
——為什麼我必須為這個症狀煩惱呢？

後記 你必須完成的人生使命是什麼？ 241

前言

你所經歷的痛苦與苦楚，都有其「意義」

人只要活著，煩惱與痛苦就不會消失。

我是一名心理治療師（心理諮商師），每天都有懷抱著各式各樣職場的煩惱、家庭的煩惱、戀愛與結婚的煩惱、對孤獨死的不安、疾病的煩惱等等各色的人找上門來。

讀者可以透過這本書，回想每一次難過的、悲傷的、痛苦的經驗，一邊反思：「為什麼我的人生在那個時候必須發生那件令人難過的事情呢？在那個時候發生那件痛苦的事情，對我的人生有什麼意義呢？」

有時候，人們會在日後回憶人生，尤其是回憶到痛苦之事時才發現，當初那件事其實也有其意義，因為自己的人生「**需要這樣的事情，事情才會發生**」。

即使當下我們單純只感受到痛苦，但是等到撐過那段日子，好不容易穿過那如同「人生黑暗期」的漫長隧道，回頭審視這件事情時，才終於能夠了解到：「這件事情的發生是有必要的。」

哲學家尼采曾說過，對我們人類來說，「苦惱本身不是問題，回答不出『為什麼要經歷這種苦惱』才是問題。」人類雖然無法忍受「無意義的痛苦」，但是如果能夠知道一切都有意義，那麼大部分的苦難也都變得可以忍受。

冥冥之中的人生劇本

「人生中發生的每一件事情都有意義。」

「這個人的人生在這個時候，必須要發生這樣的事情。而這一件接著一件的事情就在冥冥之中，把我們的人生引導、帶領至『某個方向』……」

本書的目的就是要探求這種「**必然有意義的感覺**」，我們心理治療師或諮商師稱之為「**共時性**」或「**布局性**」。

「如果，我的人生在冥冥之中存在『看不見的劇本』，而這個劇本透過此前人生當中發生的各種事情，不知不覺地引導我、帶領我走向某處……如果這正是指引我前進方向的『命運之路』……」

「如果，上天賦予了我一個『此生必須完成的使命』，到底會是什麼？」

「如果『我誕生到這個世界上是有目的和意義的』，會是什麼呢？」

本書所寫的內容，就是許多人透過各式各樣的煩惱與苦痛，所學習到的「人生的真理」。

許多前來接受心理治療或諮商的人，就是透過在自己的人生中實際經歷近乎折磨的煩惱與苦痛，才學習到這些的。

人就算能夠透過記錄別人痛苦的書籍或影片得知這樣的經驗，也很難像親身經歷過那樣，真正學到東西。

心理治療師或諮商師的工作，就是提供個案（前來諮商的人）一個情境，讓他們能夠從「與先前不同的觀點」「不同的立足點」，重新審視、理解自己的各種煩惱與痛苦。

這麼一來，對個案來說原本只是一場災難的痛苦與煩惱，也開始擁有不同於從前的意義。

人在經歷人生中的磨難時，只會覺得這是一件痛苦的事情，多數人皆是如此。

譬如：

- 在公司突然失去安身之地。
- 老公突然口吐惡言、暴力相向。
- 孩子不願意再去上學。
- 討厭的事情、痛苦的事情接連發生，突然滿腦子只覺得「人生好麻煩，怎麼樣都無所謂了。」

這些事情發生的當下，人們只會覺得這些都是痛苦的事情。

不過，在持續一兩年的諮商後，個案——在苦惱、苦惱、不斷地苦惱，痛苦、痛苦、不斷地痛苦之後——回頭再看，就會發現每一件對自己的人生來說，都是「因為需要所以發生的事情」。只有不希望發生的討厭之事，才是必然需要發生的，也是在**「編織人生時必要且有意義的事」**。

更重要的，當人們能夠領悟到這些我們所謂的「共時性」或是「布局性」，才能真正得到救贖。

人生的「意義感」

我們如果過了更久之後再回過頭來看，會發現不僅每一件痛苦的事情都有意義，而且所有的事情都「互有關連」。

許多人在迎接人生重大轉捩點之後，會湧現這樣的感覺：「人生中發生的所有事情都有必然的關聯，而這些關聯是有意義的，一連串的事情在冥冥當中，不知不覺地將自己的人生引導至『某個方向』。」

這樣的感覺也是「我這一生不算白來了」「我是因為某種必然性而走到這個地步，不枉此生了」的這種滿懷信心的感覺。

這感覺一半像是「發現」了新的生存方式，與此同時，也像是「想起」了心底深處從很久以前就已經知道的某種概念。

而這也會讓我們產生以下的連環叩問。

「如果，我的人生在冥冥之中存在『看不見的劇本』，而這個劇本透過此前發生的事情，不知不覺間引導我、帶領我走上某處……如果這正是指引我前進的『命運之路』……」

「如果，我之所以被帶到這裡，是因為上天要賦予我『此生必須完成的使命』……」

「如果，那裡存在著『我誕生到這個世界的目的與意義』……」

本書的三個目的

本書所寫的內容，就是許多人透過各式各樣的煩惱與苦痛，所學習到的「人生的真理」。讀者可以藉由回顧自己至今的人生，反思每一件發生的事情：

「為什麼我的人生必須在那個時期、那個時間點，發生那件痛苦的事情？對我的人生有什麼意義？」

然後，各位讀者可以透過「串起」先前乍看只覺得毫不相關的每件事（讓這些事情產生交集），探索冥冥之中存在於自己人生背後的「看不見的情節（劇本）」。

而本書的目的，就是藉由這樣的思考，帶領讀者進行下列三種探索：

一、透過人生發生過的各種事情，找出上天在不知不覺間引導、帶領你前往的「命運之路」，及其背後「看不見的人生劇本」。

二、上天賦予你這一生「必須在這個世界完成的使命」。

三、你「誕生到這個世界的目的與意義」。

把無關的事情串連出當中隱藏的「意義」

這些探索練習根據的是美國著名哲學家，同時也是心理治療師的尤金·詹德林（Eugene T. Gendlin）所開發出來的「創造性意義生成法」，也就是一種名為TAE

（Thinking at the Edge，在意識邊緣思考）的方法。

ＴＡＥ法認為，當我們把乍看之下毫不相關的Ａ、Ｂ、Ｃ等幾件事情「串連」在一起，讓這些事情產生交集時，冥冥之中存在於這些事情之間的某種「新的意義」就會浮現和凸顯出來。

舉例來說，當我們把原本以為獨立的Ａ事件（譬如弟弟突然去世）與Ｂ事件（譬如原本以為身體沒有任何問題，但是在健康檢查時發現潰瘍，因此進行了手術）串連在一起（產生交集），可能就會浮現出這樣的訊息：「死亡或許距離你沒那麼遠。你必須做好準備，好好度過每一天的每一瞬間，才能在任何時候面對死亡都沒有遺憾。」

藉由如此進行ＴＡＥ法的「交集」「串連」作業，讓「冥冥之中存在於這些乍看之下獨立事件之間的『意義』」浮現出來，對這些事情產生新的認知。

無窮無盡的苦惱與本書的使用方法

本書將協助讀者處理多數人的人生中可能面臨的各種煩惱與痛苦。

包括：

- 工作上的煩惱
- 人際關係的煩惱
- 婚姻與夫妻關係的煩惱
- 養兒育女的煩惱
- 戀愛的煩惱
- 金錢的煩惱
- 疾病與身體症狀的煩惱
- 成癮的煩惱
- 心理疾病的煩惱
- 老去、死亡以及連帶而來的孤獨的煩惱

人只要活著，就不可能從人生的煩惱與痛苦當中解放出來。

我們甚至可以說：

「活著，就是要懷抱著煩惱與痛苦走下去。」

如果想要從痛苦與煩惱中解脫，或許唯有「死亡」一途……

STEP3

找出共通的模式，讓這些事情
彼此產生「交集」

「共通的模式」×「交集」
▼
產生新的「意義」

STEP4

「我在這一生當中必須完成的
使命」（靈魂的任務）
「我誕生到這個世界的意義」
「命運之路」

- 我這一生必須完成的「使命」（靈魂的任務）
- 「我誕生到這個世界的意義」
- 各式各樣的事情在不知不覺間引導我走向的那條「命運之路」
- 「冥冥之中的人生劇本」

「我這一生
不算白來了！！」

圖一　透過本書進行自我探索研究的流程

STEP1

回顧至今為止，在自己人生中
產生過的苦惱

人生的苦惱

工作的苦惱
人際關係的苦惱
婚姻與夫妻關係的苦惱
養兒育女的苦惱
戀愛的苦惱
金錢的苦惱
疾病的苦惱
死亡的苦惱

→

STEP2

從每一件痛苦的事情中
找出「意義」

「為什麼在我身上
必須發生
這樣的事情呢？」
從這些曾經
讓你痛苦的事情中
尋找「意義」

本書除了協助讀者處理直接面對的每一種煩惱，同時也讓讀者透過各自的煩惱，學習「人生當中必然的真理」，討論其過程。

諸君在閱讀本書時，也請試著回想發生過的各種煩惱與痛苦之事，並且把每件事情都當成一個機會，讓你能夠回頭思考前述的那些問題。

希望讀者在翻閱本書時，能夠當成是對自己提問的一個「契機」或是「指引」。然而，如果沒有他人協助，要對自己提出這些問題是很困難的。最好的方法是參加心理治療師或諮商師所舉辦的工作坊。不過，或許也有人不適合這種方式，因此本書在各章的結尾準備了簡單的練習。這些練習題都經過設計，只要花時間慢慢填寫，就能獲得重要的發現與領悟。

此外，在第十章「發現與領悟的最佳方法」中，將會用簡單明瞭的方式說明閔戴爾（Arnold Mindell）「過程練習」的精華，同時也會介紹深入觀察自己的具體方法，以及一個人也能進行的練習。

希望本書能夠成為幫助讀者「深入對自己提問」的「工具」。

第一章

為什麼人生會接二連三遭遇煩惱與痛苦呢？

人只要活著，煩惱與痛苦就不會消失。

當我聽到前來接受心理諮商的個案訴說他們的故事時，經常會忍不住這麼想：

「為什麼這位個案的人生當中，有這麼多的壞事接二連三地發生呢？」

人生的煩惱與痛苦包括：

- 職場人際關係中發生的各種糾紛
- 老是找不到好工作
- 與家人處不好
- 夫妻關係一直很冷淡
- 結不了婚，這樣下去會一輩子單身
- 與孩子的關係不好，孩子總是找各種理由反抗
- 外遇似乎被老婆發現了
- 借了錢
- 不管怎麼樣都存不了錢
- 最近心情一直很陰鬱，經常失眠，或許得了憂鬱症
- 肩頸僵硬或腰痛的症狀、疼痛無法緩解

・害怕孤獨死

似乎人只要活著，煩惱與痛苦就不會從人生中消失。我們或許可以這麼說：「活著，就是要懷抱著煩惱與痛苦走下去。」

一般來說，我們會希望這些煩惱與痛苦，以及人生中各式各樣的問題能夠盡早解決。因為不管煩惱還是苦痛，都最好不要出現。

人生的「目的論」見解

然而，本書（或是某個派別的心理治療師或諮商師）建議各位可以試著站在「稍微不同的立場」來看待人生中不斷襲來的煩惱與痛苦。所謂「稍微不同的見解」指的就是對人生中煩惱與痛苦的「目的論」見解。如果我們可以試著從「目的論」的角度看待這些事情，就能從人生中遭遇到的各種事情，發現先前不曾看見的意義。

換句話說，人生中各式各樣的事情，都會呈現出與先前不同的樣貌與感受。

那麼，「目的論」見解是什麼呢？

「目的論」見解會採取如下的思考：

人生中發生的所有事情都有意義。

即使是乍看之下只覺得是平添我們煩惱與痛苦的事情，那些煩惱與痛苦也帶有意義。這些事情都在有目的、有意義的情況下發生。

人生中的所有事情，都是因為有「必然性」，才會發生。

所以，當我們在人生中面臨某種問題時，雖然會立刻思考問題的「原因」是什麼、有什麼方法可以解決（這是理所當然的反應），但更重要的是，要深入思考「意義」與「目的」。

「到底為什麼，那樣的事情必須要在我人生的那個時間點發生？當時的我遇到這樣的事情，有什麼目的與意義？」

「我藉由那樣的事情，到底發現了什麼、可以從中學到什麼？又或者，現在需要學會什麼呢？」

「目的論」見解能夠讓我們從這樣的觀點，對煩惱與痛苦展開思考。

「目的論」見解的另一面，是「因果論」觀點。

「因果論」觀點認為，我們的煩惱與痛苦，都來自於過去的某些「原因」，煩惱與痛苦是這個原因產生的「結果」，因此首先必須專注在這個「原因」上。

舉例來說，「因果論」觀點中有「創傷」的概念。

所謂「創傷」就是心所受的外傷，也就是「心靈的傷口」。

經過這樣說明，各位可能會覺得「因果論」觀點似乎更符合常識，也更具說服力。

然而，處理煩惱與痛苦時，如果只考慮因果論，也會有棘手的一面。因為因果論符合常識，會造成「煩惱與痛苦是人生中的創傷」這樣的概念在我們心中固著，這往往會對我們的想法產生「限制」。

著名的榮格派心理學家詹姆士．希爾曼（James Hillman）是這樣說的：

> 決定我們人生的，並不是童年時代本身，而是認為一個人的童年時代會決定他往後人生的理論。這種理論讓人在回憶童年時代時，往往認定童年是一個承受外部降臨的不幸而使人性格扭曲的時代，這是一種創傷式的見解。本書主張，童年時代本身給予我們的傷害，比這種理論造成的傷害還要小。
>
> ——詹姆士．希爾曼，《靈魂密碼》

換言之，希爾曼的意思是，把父母或兄弟姊妹在童年時代帶給我們的創傷看成是造成我們不幸的原因，這種「人生的創傷論」，比我們在童年或幼年時期實際上所遭受到的「創傷」，對我們造成的傷害更為嚴重。

我也這麼認為。

當我回想一路以來在諮商中遇到的個案，也發現愈是把「創傷論」牢牢刻畫在心中的人，自己本身愈容易被這種想法限制住，因此很難做出改變。

讓我舉具體的案例說明。

舉例來說，「人生的創傷論」編造的情節中，最具代表性的就是：

「我之所以無法獲得幸福，是因為母親從未給我關愛。」

「母親雖然很愛我的哥哥與妹妹，卻未曾給過我一丁點愛。」

這是我在諮商時最常聽到「控訴」，也是「創傷論的情節」之一。

然而，就像我們常聽到的，我們無法改變別人與過去。

如果我們可以搭上時光機，回到自己三歲或四歲的時候去改變母親的養育態度，這樣的見解或許就會有意義，但這是不可能的。

而且，這還是在假設「母親從未給我關愛」的情節是事實的前提下。實際上，「母親從未給我關愛」的情節，很有可能是個案自己在心裡編造出來，並且一直堅信不疑的某種幻想。

不，即使不完全是幻想，也有可能是幻想與真實參半。

心理治療或諮商的重點之一，就是持續聽對方說話，並且透過好幾十次的面談，讓個案發現「母親從未愛過我」的情節只是「某種幻想（自己一廂情願地以為）」，並且在個案從這個夢醒來的過程中提供支援。

又或者，即使「母親從未愛過我」是「事實」，治療或諮商也能幫助個案了解到「果然，母親從未愛過我，但那是因為母親有自己的苦衷。」並且認知到這個現實是「沒辦法的事情」，而「看開」——日文作「あきらめる」，中文作「諦」。

「諦」從原本佛教上的意義解釋，是「清楚洞察事物」的意思。而如果能夠清楚洞察事物原本的樣貌，就會接受原原本本的現實，覺得「事情就是如此，除了接受也沒其他辦法了」，進而放棄執著，接受一切，（更消極一點）甚至會產生放下不管的想法。

所有發生的事都是有意義的

本書提議各位可以試著從另一個「目的論」的角度，重新認識人生所有的煩惱與痛苦。

「人生中發生的一切都有意義。即便是生病、離別、挫折、失敗等乍看之下只會讓人產生負面情緒的事情，只要能夠真心誠意地面對，日後回過頭來看，也會了解到這些都是因為需要才發生的。」

本書可以幫助各位試著從這樣的角度，回看那些令人痛苦難過的往事。

我之所以會提倡這樣的觀點，是因為我認為在諮商過程中，愈是經歷過有意義的變化的人，愈會從這樣的觀點（目的論）來描述自己的事情。

我並沒有建議他們：「要不要試著這樣想呢？」

我只不過是認真地聽個案講話（也就是傾聽）而已，卻有不少個案自己開始闡述這樣的觀點。

讓我舉例說明。

一位四十來歲的女性，因為兒子（中學二年級）拒絕上學而煩惱。

她在第一次的諮商中是這麼說的：

「不騙你，這個孩子是我們家的瘟神。如果沒有他，我們一家真的是和樂融融。全家可以一起去看電影，去迪士尼樂園，一起旅行……結果現在，哪裡都去不了……」

她氣得牙癢癢地訴說著對兒子的不滿。

這或許代表她心裡有什麼想法吧。這位女性每周都會來接受一次諮商，持續了一年，扣掉中間的寒暑假，總諮商的次數大約是三十五次。

接著，過了一年左右，她開始這麼說：

「老師，現在回想起來，我覺得兒子的暴力行為或拒絕上學，都是因為我們家需要才會出現的。

的確，我們家以前很幸福。全家會一起去看電影，去迪士尼樂園，一起旅行……但是，這卻讓我有家人只在表面上維繫感情的感覺。

後來因為兒子拒絕上學又出現暴力行為，我們再也無法旅行，也去不了迪士尼樂園了。我開始與兒子正面衝突，把話都攤開來說。我也好幾次認真地與老公談，有段時間還談到差點離婚……

儘管如此，正因為有這樣痛苦的過程，現在我們家才能產生比過去更深的羈絆。現在回想起來，兒子拒絕上學或出現暴力行為，全都是因為我們家真的需要。」

不只這位女性，許多個案都以這種方式回顧自己的人生。

我在前面提過：「人生中發生的一切都有其意義。即使乍看之下只覺得是讓人煩惱、讓人痛苦的事情，這些煩惱與痛苦也都有意義。這些事情都是為此而來的。」而類似這樣的經驗就是我的根據。

痛苦是「人生的導師」，它告訴我們什麼是最重要的事

由此可知，如果採用這個「目的論」見解，就可以這麼說：

讓我們煩惱的各種事情——職場上的煩惱、職涯的煩惱、人際關係的煩惱、婚姻與夫妻關係的煩惱、養兒育女的煩惱、戀愛的煩惱、金錢的煩惱、生老病死的煩惱等等——為我們帶來了重要的「領悟與學習的機會」「靈魂自我成長的機會」。

圖二　人生中發生的所有事情，都是「領悟與學習的機會」「靈魂自我成長的機會」

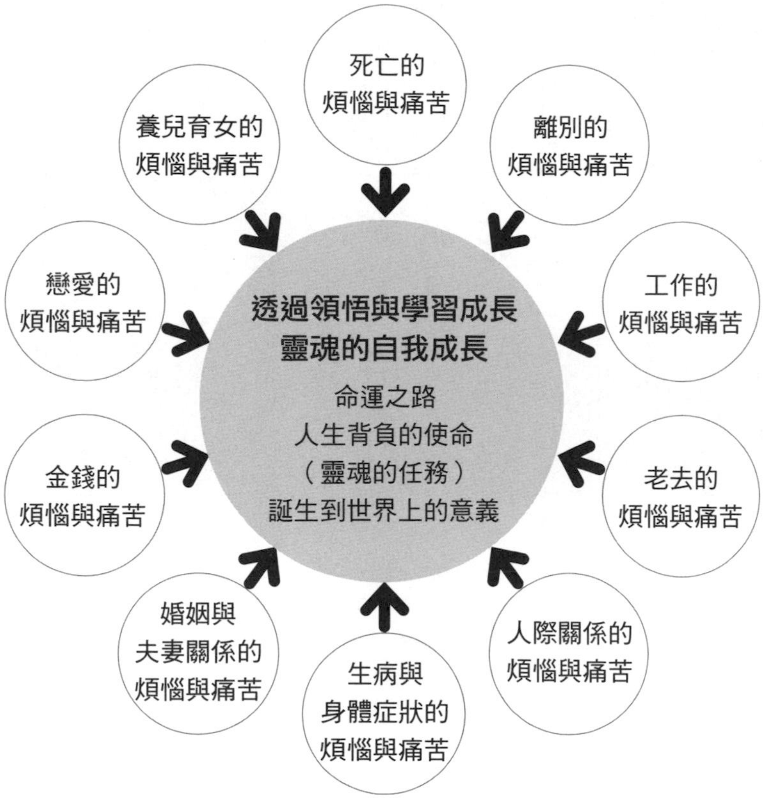

人類是傲慢的生物，如果沒有難過痛苦的事情，就會覺得自己「已經不需要學習了」，最後只是每天隨波逐流地活在世界上。

這也代表：

這些讓我們煩惱的事情是重要的「人生導師」，讓我們有機會學習如果不透過這樣的體驗，就學不到的寶貴領悟與發現。

這也給了我們必須通過的「寶貴試煉」，同時也是「自然取得的人生修行之路」。

我認為，人生就如同圖三所示，擁有五種「自我蛻變之路」，分別是：

- 「哲學性自我探索的自我蛻變之路」
- 「宗教修行的自我蛻變之路」
- 「神祕體驗的自我蛻變之路」
- 「發生一連串共時性幸福體驗的自我蛻變之路」
- 「通過各種煩惱與痛苦的自我蛻變之路」

最後一種就是大部分的人都會走過的，也是本書的主題。

這是因為人類是一種傲慢的生物，如果沒有發生令自己痛苦與煩惱的事情，就無

圖三　五種「自我蛻變之路」

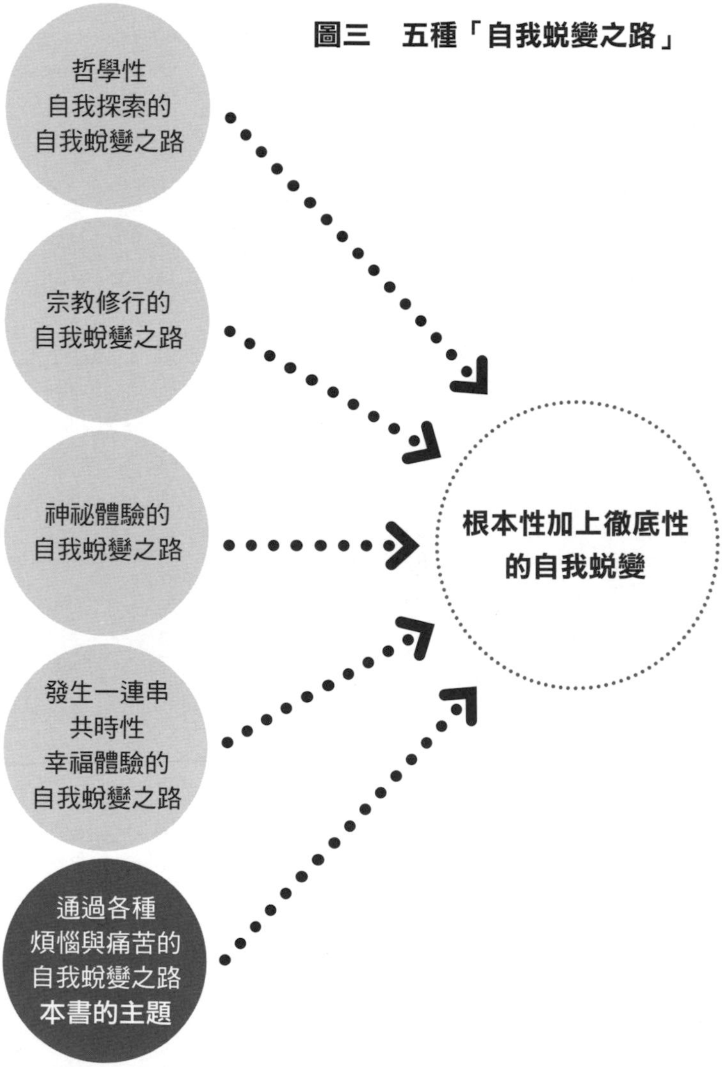
哲學性
自我探索的
自我蛻變之路
宗教修行的
自我蛻變之路
神祕體驗的
自我蛻變之路
發生一連串
共時性
幸福體驗的
自我蛻變之路
通過各種
煩惱與痛苦的
自我蛻變之路
本書的主題
根本性加上徹底性
的自我蛻變

法從根本重新審視自己。

本書就是一本指南（導覽手冊），指引各位通過這五條路當中，最多人走過的「通過各種煩惱與痛苦的自我蛻變之路」。

仔細觀察自己的獨處時間

無論是誰，偶爾都會擁有一段「時間」能夠仔細觀察曾經發生在自己人生中的事（或是現在正在發生的事），並且思考為什麼這件事情會發生在自己身上。

這段時間最重要的是必須讓自己獨處，在意識矇矓的狀態下，讓思緒圍繞著這些事情打轉，保持「等待」的態度，讓「意義」自然浮現。

剛才我特別提到「在意識矇矓的情況下」，是因為如果以清晰的意識分析，這樣的作業就無法順利進行。

我並不是要你花腦力去想：「我在這個時候，發生這件事情有什麼意義」並且歸納出結論，而是要在矇矓的意識下讓思緒隨意打轉，「等待」事情的「意義」從中自然浮現。

有些人擅長在這種控制意識的情況下審視自己，但也有人不擅長。而體驗型心理學講座（工作坊），就是以團體課程的方式訓練學員。

這個方法「等待」很重要。

如果能夠定期（一天十分鐘，或一周一小時）擁有這樣的時間，每件事情就不只擁有「個別的意義」，還能從事情與事情之間看見「有意義的連結（關聯）」。

「事情之間有意義的連結」稱為「共時性」。如果這些共時的、有意義的事情接二連三發生，進而改變人生整體的趨勢，就稱為「布局性的變動」。「布局」的英文是constellation，是一種類似人生的「機運」「人生的星盤變動」之類的概念。

讓我們保有一段「時間」，一個人安靜獨處，觀察曾經發生在自己人生中（或是現在正在發生）的煩惱、痛苦的事情吧。並且在曚曨模糊的意識中讓思緒自由運轉，保持「等待」每一件事情所擁有的「意義」自然浮現的態度。

這麼一來，就會開始發現這些事情當中有幾件「互有關聯」，同時也會「看見」這「一連串的事情」將自己的人生引導至某個方向。

如果能夠持續保有這樣的時間，這些隱藏在各種痛苦之事背後的「冥冥之中的人生課題」，以及課題當中存在著類似「看不見的人生劇本」的安排就會浮現，讓我們逐漸看清了解。

「原來如此，〇〇就是我人生的課題啊。」

「我的人生當中，存在著〇〇這個看不見的劇本，而人生也在自己沒有發現的情況下，跟著劇本的引導走。」

「我這一生不算白來了。」

「上天賦予我的人生〇〇這個使命（任務）。」

這一連串的發現，會一口氣湧現。

而如果剛才提到的「意識朦朧狀態下」（輕變性意識）的內省能夠持續進行，這時發現的人生「使命」，就不單純只是一時的使命，而是「如同自己一誕生到這個世界就刻畫在靈魂當中的，『牽涉到整個人生的本質使命』」，而我們也會發現這個使命甚至應該稱之為「刻畫在靈魂上的使命（靈魂的任務）」。

做個總結，如果我們透過這個「意識朦朧狀態下」的內省，仔細觀察事象間「有意義的連結」，就會在連結中發現一直隱藏著、透過各種事情引導自己的「冥冥之中的人生劇本」或「命運之路」逐漸浮現。

而這也就是「刻畫在自己靈魂上的使命（任務）」或「靈魂任務」的覺醒，也代表我們發現了「自己誕生到這個世界的意義」。

第二章

工作上的煩惱

——為什麼我必須一直做這份工作呢？

「為什麼我必須一直做這個工作？」

我在為上班族進行心理諮商時，時常會聽到他們這樣抱怨。他們說這句話的時候，就像在嘆氣。

他們會這樣想也無可厚非，這的確是一個大問題。因為我們人生大半的時間都耗費在工作上……從早到晚不停歇。

如果能夠在工作結束後放鬆休息還算好，我們也會因為期待休息時間，而咬緊牙關努力工作吧。

但是，為什麼人生無法這樣順遂呢？即使好不容易想盡辦法突破難關，結果回到家，老婆與小孩不停吵鬧；與夥伴相約喝酒，最後不僅一點也不開心，甚至還發生了衝突。

即便如此，到了隔天早上還是得進公司，一直工作到深夜。

這種時候，我們就會想要脫口說出前面那句抱怨。

為什麼要一直做這份工作？

假設吃飯時坐在你身旁的朋友或同事，因為某種理由吐露了這樣的心聲：

「我到底為什麼必須一直做這個工作？」

如果你是個溫和的人，或許會這樣關心他：

「你沒事吧？最近是不是太累了？」

「不要太勉強自己喔。」

然而，大多數的人都想這麼回答吧：

「這是因為不工作就沒辦法生活啊。」

「想這種事也沒用。」

「如果不用工作就可以生活，沒有人會想要工作吧。」

想要這麼說也是可以理解的，但即便如此，無論是誰，應該都還是會有「如果不這樣抱怨就做不下去的心情。」

這是為什麼呢？

「我到底為什麼必須一直做這個工作」這個問題的核心在於「為什麼做這個工作的不是其他人，而是我」以及必須一直做「這個工作」這兩點。

這兩點，讓這個問題成為一個實質上的問題。

的確，我們基本上應該是「選擇」了自己的工作。

但是，要說我們選的是一份自己打從心底接受、真正想做的工作，可能也並非全然如此。

我們應該是抱著「嗯……這個工作確實是比其他工作好」，或是「如果必須一直做某個工作，就選這個吧」之類的心情，而挑了這個工作。

儘管如此，如果不是相當喜歡，十幾二十年來，每天從早到晚做內容相似的事情，忍不住嘆個氣或抱怨個一兩句也理所當然。

「明明還有各式各樣的工作，我為什麼必須在只能活一次的人生當中，每天重複做這個工作呢？」

「這個工作應該也不是非我不可。這樣的話，我到底為了什麼呢？」——我們的內心會不斷地湧現這些疑問。

一天說三次「我受夠這樣的工作了」「我做不下去了」

我從來沒有想過「我到底為什麼必須做這個工作」——讀者當中，應該也有這樣的人吧。

我想對這樣的人說：

「你很幸運，甚至是太幸運了。你幸運到不管再怎麼感謝自己的好運都不為過。如果不是這樣，就代表你擁有相當高的生存智慧。」

「我到底為什麼，必須一直做這個工作呢？」

平常心裡就積著這樣的疑問，才是「普通人的普通人生」。

不僅如此，如果在工作上一直碰到痛苦的事，或許還有不少人幾乎每天都在「我受夠了」「我做不下去了」的想法中度過。

要是再加上被老婆發現自己偷偷與其他女性交往，不管在家裡還是職場都不能放鬆，或許也有人會因此崩潰，覺得「這樣的人生，我想放棄了」吧。

我因為從事諮商工作，所以知道這其實是「極為普通的人的極為普通的人生」。

這種時候需要的不是正向思考。

正向思考只會把你逼得更緊。

某一派的心理學認為，我們「看待事情的方式」會決定一切。

換句話說，我們可以如此修正對這個工作的認知（對事物的看法、想法）：

「這樣的工作不做最好。但是，如果我只有這個工作可以做，也不是做不下去。」

像這種認知修正，有的時候能夠有效地改善心情。如果這樣就能產生效果也很好。

但是，大多數的情況下，這只不過能讓我們暫時好過一點。

我反而覺得，擁有能夠讓你把負面想法直接用負面語言講出來、能夠彼此抱怨、互相傾聽的夥伴，才是現實上有效的方法。

找一個能夠安心在一起的夥伴，互相抱怨吧。

「我受夠這樣的工作了。」

「這樣的人生，我想放棄了。」

這時絕對不可以鼓勵對方，也不能多嘴地提出「這麼做如何」「這麼想如何」之類的建議。請停止自以為是地認為「自己必須幫對方解決問題」的想法。

就算覺得對方「又開始抱怨了」，也只要默默地傾聽就可以了。

聽到對方的抱怨就全盤接收，只要回應他：

「這樣啊。」

「真是辛苦你了。」

就可以了。

允許對方這麼做，就是成熟大人的關係。

「輕鬆的傾聽」，能夠在「儘管變得傷痕累累、意志消沉，也想辦法活了下來的大人」之間，建立起「溫和的關係」。

放棄後會再湧現能量

前面提到的不只是夥伴之間的關係，也讓我們用同樣的方式，建立「自己與自己」之間的關係。也就是「傾聽」自己的「抱怨」與「洩氣話」。

「原來如此，這樣很辛苦呢。」

「算了，這也是沒辦法的事。」

「算了，就這樣吧。」

「真糟糕……」

「做不下去了。」

像這樣傾聽自己的「內在我」，也就是「內在那個愛抱怨的人」的聲音，並且接受這些抱怨吧。

然後，偶爾也要對自己說一些「鼓勵的話」。

「原來如此，真是辛苦你了。」

「在這樣艱辛的狀態中，真難為你想盡辦法撐下來。」

「你撐過去了，真的很努力呢。」

「你一直忍耐到這個地步，我都知道喔。」

像這樣溫柔地對待自己，活下去的能量就會慢慢地湧出，回到自己身上。

「算了，就這樣吧。」

「這也是沒辦法的事。」

當你用這種態度面對雖然想要更加努力，卻努力不下去的自己時，「總而言之，再稍微試一下吧」的心情，就會慢慢地湧現。

壓迫年輕人的艱困現實

年輕人，尤其是正在找工作的學生，特別需要這種「溫柔對待自己的方法」以及「與夥伴之間的溫和關係」。

現在求職的艱困程度，是我們這個世代幾乎比不上的。

只有一小撮的學生在求職時能夠進入到面試階段。

其他學生的自尊心，就在嚴峻的求職戰線中，連續被好幾十間公司拒絕後，變得傷痕累累。

最後甚至還有不少人的心理健康出現問題，甚至罹患心理疾病。

就我的經驗來看，舊帝大系統的國立大學或早稻田、慶應、上智等相同水準的超一流大學畢業生，似乎特別容易有這樣的傾向。

他們進入了一流大學就讀，因此家長也一直期許他們可以成為「一流企業的正式員工」。

他們自己也深深地感受到家長的期待，因此會為了不辜負這樣的期待而努力。

然而，他們卻一直無法通過企業甄選。不要說收到錄取通知了，就連面試的機會也沒有。

他們的自尊心，就在這樣的過程中逐漸受傷。

最後，他們在「沒有辦法」的情況下降低求職標準，抱著「總而言之一定要成為正式員工」的想法繼續進行求職活動。終於好不容易找到工作了，結果公司卻是所謂的血汗企業，在被公司狠狠壓榨一番之後，就像是用過即丟的免洗筷一樣，遭到解雇的無情對待。

NPO法人POSSE透過各種調查報告，呈現出上述這些年輕人在求職活動以及就業環境中的艱困現狀。

POSSE在二〇一〇年，以經歷過各種求職經驗的大學四年級或研究所二年級學生為對象，進行問卷調查，結果揭露出一個驚人的事實——每七位擁有求職經驗的學生中，就有一位呈現「求職憂鬱」的狀態。

該法人也在東京都足立區的二十歲成年禮會場中，以四十位年輕人為對象進行問卷調查，結果發現這些剛滿二十歲的年輕人幾乎都擁有就業經驗，同時也都有在違法狀態下工作的經驗。而且，該法人也發現，這些年輕人大部分無論是否為正式員工，都對於可能會被「裁員」感到不安。

此外，該法人於二〇〇九年在就業服務處前以大約五百名的離職者為對象，進行離職問卷調查，調查後發現，年輕人的離職原因多半是「生涯規畫」，然而，當他們更進一步詢問「生涯規畫」的實情，卻發現實際上很多是遭到解雇或因為公司方面的問題而離職。

二〇一〇年，該法人又在就業服務處前，以兩百二十三位三十四歲以下的離職者為對象，對每位調查對象花三十到六十分鐘進行深入的訪談調查，結果發現，他們表面上的離職原因雖然是「生涯規畫」，但實際上，因為「不知怎麼就辭職了」等「個人理由」離職的人只有不到百分之二，事實上還不如說，主動離職獎勵、長時間加班、低薪、職權騷擾等企業的違法行為才是與員工離職密切相關的問題。

生活在「絕望之國」的年輕人

很多年輕人，都如同社會學家古市憲壽在《絕望之國的幸福年輕人》中所描述的，擅長發現「圍繞在自己身邊的小確幸」。

如同古市憲壽所說，當人們無法相信明天會比今天更好的時候，失去將來希望的時候，就會有「現在很幸福」的感受。他們會重視同伴之間的交流勝過於一切，並且對於圍繞在自己身邊的小小世界感到幸福。這或許就是現代年輕人所感受到的幸福的本質。

然而，能夠因為「找到小確幸」就獲得心靈滿足的，或許只有內心還游刃有餘，換句話說，就是屬於人生勝利組的年輕人吧。

永無止盡的求職。

永無止盡的徵婚。

這兩件事，尤其對於男性來說，更是密切相關。

社會上存在著這樣的循環。如果一個男性無法取得正式員工這種安定的職位，就無法獲得經濟上的穩定。如果他們的未來呈現出會長期持續低收入的跡象，在婚姻市場中也會一直遭遇失敗。而陷入這種惡性循環的二十五至三十歲上下的男性，比例絕對不低。在這樣的惡性循環中度過每一天的男性，只能建立低落的自我形象，並且逐漸失去鬥志。

然而，這件事情最嚴重的是，他們心目中低落的自我形象，以及沒有願景的未來想像，絕對不是不切實際的鑽牛角尖。事實上，非正式員工很難享受年資累積的好處。一般認為，非正式員工雖然在二十出頭歲時，拿到的薪水有正式員工的八成左右，但到了四十五歲以後，兩者之間的差距甚至可能擴大到兩倍。而且非正式員工有五成不屬於勞保年金保障的對象，據說有九成的人連退休金都拿不到。（日本經濟新聞二〇一三年一月十三日特刊頭版）

我是心理治療師，因此本書的讀者中，應該也有不少臨床心理學領域的年輕臨床心理師或學生。而在日本這個領域的國家資格考試制度尚未建立，因此也有不少臨床心理學家，現階段只能安於非正式雇用的職位，在經濟面上無法勾勒出一個光明的未來。因此就這一點來看，絕非事不關己。

無論是誰，都會對未來感到不安——很多人都實際感受到，擁有一個能夠度過「穩定人生」的未來，不是那麼簡單的事情——人在這樣的社會中，應該自然而然地就會變得想要「先求穩定」吧。

從十年前左右開始，當我們去問小學高年級或中學的孩子「以後想要做什麼」，「公務員」這個答案就已經占據了第一名的寶座。就算去問這些孩子當公務員以後想要從事什麼樣的工作，也幾乎沒有人答得出來。「總而言之我想要穩定的生活」成為孩子想要當公務員的理由。這些孩子想的並不是當上公務員之後，想要完成什麼事業。換句話說，有不少孩子從小學的時候開始，就把當上公務員想成是通往「穩定人生」最保險的車票。

而沒有機會拿到這張「通往穩定的車票」的年輕人則失去自信，逐漸變得只能描繪出負面的人生藍圖。這些感到「對自己的未來沒有任何期待」的年輕人，變得無法勾勒出有希望的遠景，因而開始追求「現在，這個瞬間，圍繞在自己身邊的小確幸」，並且只對同伴之間的玩樂感興趣。

但是，年輕時能從與身邊人的交流當中，獲得畫地自限的「小確幸」，感覺還算好。問題是，年輕人總有一天不再年輕。隨著年華老去，對於這種圍繞在身邊的小確幸將不再感到幸福，也無法對這個失去未來的自我，產生有價值的存在感。

這些感到「對未來沒有任何期待」的年輕人失去自信，開始對其他人封閉自己。當人們感覺到「沒有任何人需要自己」「沒有任何人肯定自己的存在價值」時，就會主動地退出與這個世界的交流。

受到壓迫的不只是年輕人。

發明「尼特族」（NEET）一詞的社會經濟學家玄田有史，最近開始注意到，過了中年期的世代，從社會上退下來，平常總是獨處或只與家人生活的人急速增加。「尼特族」原本專指未滿三十五歲的人，但現在指稱對象擴大到五十九歲。他定義五十九歲前，平常總是獨處，或只與家人生活的人為SNEP（Solitary Non-Employed Persons），即「孤立無業者」。二〇一一年，SNEP的人數增加到十年前，也就是二〇〇一年的兩倍，達到一百六十二萬三千人。

此外，在一般所謂的街友圈裡也一樣，據說完全不與其他街友交流的「流浪繭居族」也逐漸增加。

人必須與其他人交流，才能從中肯定自己存在的價值。而大部分的人都透過工作，與家人以外的人保有穩定的交流，並且可以從中逐漸得到這樣的感覺。人如果失去得到穩定工作的機會，多半不僅無法獲得穩定的收入，同時也無法肯定自己存在的價值，這些人之所以會離開社會，或許原因在此。

很多到我這裡接受心理諮商的人這麼說：

「我想成為被某個人需要的存在。因為如果沒有人需要我，我就無法感受到自己存在的價值。」

所謂「絕望的國度」，應該是指住在這個國家的人，大多都覺得自己不被任何人需要，而人生當中，也沒有任何東西在未來等著自己。如果是這樣，現在的日本就是真正的「絕望之國」。

不管如何拚命地生活，也不認為未來會比現在更好。即使腳踏實地工作，也不覺得在將來的某個時點，可以獲得穩定的收入，擁有穩定的人脈。如果現在的日本人，不得不在這種無法勾勒出「未來願景」的狀態下，持續生活下去，那麼這個國家，不就變成某種「絕望的收容所」了嗎？

逃離「求職憂鬱」吧！

各位在了解這樣的實際狀況之後，有什麼樣的感受呢？

每七位有求職經驗的人當中，就有一位陷入「求職憂鬱」，這看起來似乎沒什麼，但其實是一個很恐怖的數字。即使不到「憂鬱」的程度，自尊心粉碎的人也多如牛毛，這樣的傷害，或許一輩子也好不了。

我想讀者當中，有些人的孩子，現在就在找工作。

你在了解這樣的實際狀況後，還有辦法對孩子說「加油」嗎？

你是否想要說：「好不容易成為正式員工，就不要委靡不振了。」

父母的這樣一句話，會把孩子逼到絕境。

況且，那些一流大學的學生，尤其是男學生，自尊心特別強，這個族群當中，有很多容易受傷的年輕人。就像「草食系」所形容的，這些男學生的能量原本就很低，當他們在求職中反覆遭遇失敗，自尊心會受損，能量也會喪失，最後陷入「我果然不行」這種自我否定的惡性循環。

他們在這樣的循環當中，受到被拉扯得四分五裂的心情影響，於是說出了這句話：「我為什麼非得工作不可呢？」

他們或她們，開始質問工作的意義。

我似乎可以聽到他們心裡的吶喊：

「為什麼即使不斷地累積這些痛苦的經驗，如此不斷地忍耐，還是必須工作呢？」

「工作真的這麼重要嗎？」

面對這些年輕人，如果是你，會怎麼說呢？

如果這不是發生在其他人身上的事情，而是你的兒子或女兒，對你提出這樣的質問，你會如何回答呢？

我想，如果是我，應該會毫不猶豫地告訴他：

「不工作也沒關係，逃離這個環境吧。」

接著我會這麼說：

「工作當然擁有重要的意義。

但是，如果像你現在這樣，自尊心在每天的工作當中變得愈來愈脆弱，工作就沒有意義。

我沒辦法看你逐漸變得傷痕累累。

總而言之，現在逃離吧，辭掉工作吧。

如果你的心因為不斷做這份工作而受傷，讓你不得不否定自己的人生，那麼繼續是不行的。

如果陷入這種狀態，你的心就會遭受一生都無法恢復的傷害。

現在，請你珍惜自己。

不要虐待自己。

與其繼續工作，還不如不要否定自己。」

我想把這段話，送給所有現在正在找工作的人，或是一直在不符合自己意願的勞動環境中的人。

從事能滿足精神生活的工作

那麼，該怎麼做才能「找到好工作」「成功換工作」呢？

我們奉獻給工作的時間驚人地多，一天大約八小時，如果再加上通勤時間，花在工作上的時間大致算起來有十小時。

此外，假設睡眠時間是七小時，花在吃飯洗澡等日常作息的時間是三小時，那麼一天當中頂多剩下三四個小時屬於自己。因此，我們甚至可以說，人生大部分的時間都被工作占據。

我想要告訴接下來要找工作或換工作的人，如果以長遠的眼光來看待人生，下面所說的，才是在選擇職業時應該重視的部分。

「當然，工作所得必須能維持最低限度的生活品質，如果能夠達到上述條件，即使年薪低、不講究社會地位及名聲也無所謂。

如果有一件事情讓你覺得：『我每天只要做這件事就會感到幸福。』請把這件事當成你一生的工作。並且無論如何都要專注在這件事情上。」

我之所以會對這件事情有切身的感受，是因為我在自己專精的臨床心理、心理諮商領域中，看到這樣的同業。

他們當中，有人原本明明從事年薪超過千萬日圓的工作，後來卻放棄那份工作，轉職成為心理諮商師，年薪只剩不到原本的一半，甚至有人運氣不好，年薪減少到兩三百萬日圓。

然而，無論去問哪個人，都沒有人「因為年薪減少而後悔換工作」。

事實上，一旦從事了心理諮商的工作，就很少有人會說：「我再也不想跟諮商扯上關係，這讓我沒辦法思考人生。」

換句話說，心理諮商師這個工作，或許可說是典型的「外在報酬雖低，內在報酬卻很高的工作」。因為從事這個工作能夠觸及人類靈魂深處，在那裡停留，並且透過這個過程來滿足自己的靈魂。

阿部次郎的《三太郎的日記》，是從二十世紀初流傳至今的年輕人青春寶典。書裡寫著這樣一段話：

> 第一是要選擇能滿足精神生活的職業來維持肉體生活。若非如此，較聰明的方式是選擇與精神完全無關的工作，並且把工作量控制在最低限度。
>
> ——阿部次郎，《新版（合本）三太郎的日記》

選擇工作時最重要的，是選擇「能滿足精神生活的工作」，換句話說，就是「能夠讓自己內心深處一直感到滿足的工作」。的確，人在著迷於某件事情時最為幸福。如果這件事情是每天的工作，那麼應該可以說有一半的幸福獲得了保障。

這段話的有趣之處在於，選擇工作時第二重要的是，如果無論如何都無法從事能夠讓自己著迷的工作，那麼就不要花費過多的時間與勞力在工作上。這點想要表達的是，工作適量就好，但必須注意確實保有自己的時間（從事真正興趣的時間）。這的確可稱得上是一句名言。

緣分與邂逅帶領你找到現在的工作

接著，讓我們回到本章最主要的問題：

為什麼「我」現在會從事「這個工作」呢？——應該有不少人無論思考過多少次這個問題，都只能得到「沒為什麼」「自然而然」之類的答案。

這也無所謂。事實上，美國的一般勞工當中，只有約占百分之二的人，能從事自己十八歲時想做的工作。只有一小撮的人能夠實現兒時的夢想與目標，因此不需要在這個問題上糾結。

職涯心理學中的「計畫性巧合理論」，為我們解開了不需要糾結的理由。

這個理論由史丹佛大學的教授克倫伯茲博士提出，他分析了數百名上班族的職涯，結果發現「職涯的百分之八十是由無法預期的偶發事件構成」。換句話說，當他調查在職場中獲取成功、得到幸福的人時，發現他們人生當中發生的事件或轉捩點，實際上有八成之多來自本人想都沒想過的突發事件或偶然間的邂逅。

成功者多半會這麼說：

「嗯……當時剛好發生了……」

「因為我在那時遇到了那個人，所以就變成這樣了。」

「我只是運氣好。」

「我應該可以說是剛好有這樣的緣分吧……」

由此可知，大部分的成功者都會覺得，是各式各樣的「緣分或偶發事件、偶遇」引導自己找到「現在的工作」，自己是被「帶往」現在這個工作的。

但是，這並不是指運氣好的人就會成功。

這是不一樣的，根據克倫伯茲博士等人的調查可以發現，真正能夠得到幸福與成功的人，擁有某種共通的「生活方式」（人生態度）。

這樣的人所擁有的想法與價值觀，會幫助自己更容易得到幸福的巧合（幸運的事情或邂逅）。因為他們會採取符合這種想法與價值觀的態度，並且做出具體行動。

一言以蔽之，如果我們保持開放的胸襟（開放態度）面對這些幫助自己得到幸福的偶然（幸運的事情或邂逅），並且採取能夠吸引這些偶然的行動，這些幸運的事情或邂逅，就會更頻繁地降臨到身邊。換句話說，即使我們乍看之下以為，這個人會遇到這些事情單純是幸運，但實際上這並非巧合，而是這個人本身採取了能夠讓這些幸運事件頻繁出現的思考或行動，並且以同樣的態度面對生活。

「讓巧合變成機會的生活方式」——根據克倫伯茲博士的研究，其重點有下列五項。

一、好奇心

遇到不熟悉的工作時，不要一口咬定「我只做過事務性的工作，這個可能不太行」，或是「我的個性比較內向，沒辦法做這類工作」等等，珍惜自己心中「這好像有點好玩」「我好像有點興趣」這類「心癢」的感覺，試著去接觸從前較少接觸的各種工作或是各種人吧。

得到機會參與演講、研習活動時也一樣。不要聽從頭腦的僵化思考，覺得「這不是我的專長」「我很忙」，如果心裡感到有點興奮、有點期待，就試著前往會場吧。「隨時張開好奇心的天線」，才能成為豐富自己人生的機會。

二、毅力

這裡指的是「無論如何我都想做這個工作」「無論如何我都想跟這個人結婚」這種熱情與毅力。「修改到自己滿意為止」「一頭栽進工作當中」「即使正在從事的工作遭遇或多或少的困難也不放棄」——如果想在某個領域獲得成功，就不可缺少這樣的毅力。

三、開放的心態

克倫伯茲博士認為，太過執著於長期的人生計畫並非上策。因為「長期的人生計畫，不要訂得太仔細比較好」，「如果把長期的人生計畫或目標訂得太死，就會被限制住，無法大膽地引領自己邁向幸福。」

在找工作或換工作的時候，如果有「我不能做〇〇工作」「除了自己理想的工作之外，我不做其他工作」等固執的想法，就很難開創新的道路。「做了之後，說不定會意外地覺得有趣呢」，請養成會試著這樣想的習慣。

最重要的是，保持「開放的心態」。

當你覺得被某件事情吸引，最重要的，就是要一口氣拋開先前的計畫，大膽果斷地改變人生方向。

四、樂觀性

「做不好是理所當然的。總而言之，試著做做看吧」這種不執著於成功的樂觀態度，以及「雖然可能會遇到困難，但情況總是會好轉的」「只要認真去做，總是會有辦法的」這種樂觀面對人生的心態，會成為開創人生時非常大的力量。因為挑戰不可能沒有風險，如果想法過於消極，就會眼睜睜地看著機會從眼前溜走。讓我們養成即使知道會有困難，如果覺得這是個機會，就果斷地積極投入的習慣吧。

五、冒險

樂觀的生活方式換句話說，就是「不害怕風險的生活方式」。一個人如果過於害怕冒險，他的命運就會被固定下來。

無論是誰都會害怕「改變」。改變是在自己的人生當中加入各種不確定的要素，所以變得怯弱也理所當然。然而，如果只選擇安全的道路，就無法開拓人生。

找工作、換工作、戀愛、結婚……人生中發生的各種事情與轉機，都會伴隨著各式各樣的風險。我們在承受一定程度風險的同時，也要誠實地聽從自己的感受，並且懷著勇氣大膽地跨出一步——這才是邁向新的人生時，最重要的心態。

透過工作完成人生的使命

本章的最後，就來正面回答「我到底為什麼必須一直做這個工作」的問題吧。

我的答案是：「因為你要透過這個工作，完成上天賦予你這一生的使命。」

人會透過耗費自己人生大部分時間的「工作」，完成上天賦予的「使命」。

所謂工作，是讓我們完成這些「使命」（靈魂的任務）的最大管道。

人們為了執行這「冥冥之中的使命」，會在不自覺的情況下，受到各式各樣的邂逅或事件引導、吸引，找到自己應該完成的「工作」。

人們透過「工作」，完成各自的「使命」——存在主義心理治療師維克多・法蘭克，就是清楚說出這個想法的人之一。

法蘭克在其著作《向生命說ＹＥＳ！》中是這麼說的：

每個人的人生當中，都存在著只屬於他的使命，而這就是他必須透過工作成就的東西。

每一個人都是獨一無二、無可取代的存在。任何人皆是如此。對每一個人來說，他的人生中所獲得的工作，是只有他才能完成，也只有他才能追求的。每個人的人生當中，都存在著只屬於這個人的「使命圈」。

不過，聽到這段話，或許也有人會產生這樣的疑問：

「我的工作不至於偉大到可以稱之為使命。幾乎誰都可以取代我做這份工作。上天真的賦予了我的人生什麼使命嗎？」

事實上，法蘭克在演講時，曾經有一位青年對他提出這樣的疑問：

你要怎麼說都可以吧。因為你創立了諮商所，幫助別人，讓他們重新站起來。但是我呢，你覺得我是什麼人，我做什麼樣的工作？我只不過是服飾店的店員。我該怎麼辦呢，我該怎麼做才能讓人生有意義呢？

面對這樣的問題，法蘭克是這麼回答的：

工作的大小不重要。重要的是一個人能不能把自己該做的事盡力做到最好，以及自己的人生有多「圓滿」而已。每一個人在自己具體從事的活動當中，都是無可替代的存在。任何人都是如此。對每一個人來說，上天賦予他的工作，都是只有他才能完成的，只有他才能追求的。

此外，法蘭克也這麼說：

工作當中需要的，不光只是責任感這種一般的意識，還必須對特殊的課題有特殊的責任意識。換句話說，在工作中必須注意到的不是曖昧不清的責任意識，而是「特殊的使命意識」。這種時候的這種意識化，會與完全特定的個人課題，一同成為我們在這個世界上的體驗。

沒有什麼能像個人的責任意識——也就是自己與生俱來、獨一無二的使命體驗那樣，能讓人們超越自己，往更高的方向提升。也沒有任何一件事情，能像這個體驗那樣，帶給人們活力，讓人們克服困難與苦難。

——《哲學心理療法》

我是這麼想的：人們只有透過工作，意識到自己必須完成上天賦予的固有使命，才能變得更堅強。

當我們工作時，如果能夠懷著那樣的想法，那麼不管工作多麼辛苦，都應該能夠帶給我們深深的充實感。

一個人只要能夠感受到「我只有這個工作」「我生下來就是要做這個工作的。我透過這個工作，完成上天賦予我這一生的使命」，那麼他或許就可說是已經得到無上的幸福。

此外，我們也能透過工作，回答「來自世界的問題」。我們能夠藉由工作，得到這種感覺：「自己也屬於這個世界（人類）的一員，參與這個世界的活動。」這就是我們的心靈能夠透過工作得到滿足的理由，也是我們「工作的意義」。

人生的練習一

回顧在「工作」與「職涯選擇」中發生的事情

接下來，讓我們在此保留一段安靜自省的時間。也就是擁有一段時間，能夠一個人獨處，在意識矇矓的狀態下，審視至今為止發生在人生當中的事情（或是現在正在發生的事情）。

讓我們在意識矇矓的狀態下，讓思緒圍繞著在「工作」或「職涯選擇」的情境中發生的各種事情打轉。

一、請回想至今為止，幾件發生在你工作情境中的事情，或是回想哪些事件是你從事現在這個工作的契機或轉捩點。舉例來說，可能是某天，當你和畢業於同一所大學的學長姐喝酒時，對方找你一起工作，或是你因為對雜誌刊登的某個活動感興趣而前往參加。注意，請在意識矇矓的狀態下回想。

二、這些事件除了促使你從事現在的工作之外，還擁有什麼樣的意義呢？仔細回想每一件事情，等待這些事情在自己人生當中的「意義」自然浮現。要的並不是頭腦思考「這件事情在這個時間點發生在我身上的意義」後所得到的結論，而是在矇矓的意識下讓思緒打轉，等待這個「意義」自然從中逐漸浮現。

三、試著把這幾件事情「串聯」起來（讓事情產生交集）。舉例來說，譬如你回想起「朋友找我喝下午茶」「自己總是消極面對意想不到的工作邀約，但這次不知為何就答應了」「遇到新工作的時候，不知為何產生了興趣，所以就接受了」等幾件事情，並且將這些「串聯」在一起，從中找出「共通點」。這麼一來，腦中或許就會浮現出「重視自己的感覺，如果感覺對了，就不要拒絕」之類的話。

四、根據現在心中浮現的想法，填寫下列空白的部分。請直接寫下腦中浮現的第一個想法。填寫時不要過度用頭腦思考，嘗試順著直覺，只填寫不用勉強自己思考就能寫出來的答案。現在寫不出來的就不要勉強，等下次想起什麼的時候再寫就可以了。

- 「在不知不覺中，引導我找到現在＿＿＿＿這個工作的最大事件是＿＿＿＿。」
- 「＿＿＿＿是我人生的課題。」
- 「上天賦予我＿＿＿＿這個人生使命。我透過現在的工作，執行這個使命。」
- 「我在工作上遇過最難受的事情是＿＿＿＿。但是，現在回想起來，這件事情有＿＿＿＿的意義。」
- 「我是為了＿＿＿＿而誕生到這個世界上的。我人生的意義就在於＿＿＿＿。」

第三章

人際關係的煩惱

——為什麼我會如此討厭那個人呢？

為什麼我會頂撞那個主管呢？

令人煩惱的人際關係難題

人際關係的問題，應該是人生最大的「煩惱與痛苦」之一吧？

我在從事心理諮商工作後發現，人生大部分的問題都與人際關係有關。我想，其實不少人都有這樣的心聲：「如果能夠索性過著離群索居的生活，不知道會有多輕鬆。」然而不管怎麼說，人類仍是一種無法獨自生活的動物。人在追求與他人的連結時，又會被捲入新的問題當中。

如果人們對彼此能有深入的了解，那麼大部分人際關係的問題都可以解決吧？

然而，就是因為有些問題即使這樣也無法解決，人際關係才會令人頭痛不已。

當我們覺得「必須做點什麼」而找對方談的時候，會發現兩人的關係將愈談愈僵。只有到這種時候我們才會知道，「只要好好談，對方就能了解」的想法，是最大的錯誤。

我就直接了當地說了。

如果你現在，正陷在麻煩難解的人際關係裡。

這種時候，有八成以上的機率是「即使好好跟對方談，他也無法懂你」。這絕非因為對方是個「壞人」。只是在你們的關係中，對方是一個「不管你解釋再多，都無法懂你的人」罷了。

如果想要改善與這個人的關係，最好的方法只有一個，就是「暫時切斷關係」，除此之外別無他法。

不知為何就是無法相處或看不順眼的人

各位讀者有下列這樣的經驗嗎？

你可以在腦中回憶職場上的人際關係、學校內的人際關係、鄰居間的人際關係、某個社團或讀書會，或是家族間的聚會。

我希望你可以回顧至今為止經歷過的各種場面，確認自己是否有過這樣的情緒：「跟其他人相處時都沒有問題，為什麼就是會莫名其妙地頂撞那位主管呢？我也知道對方是主管，所以即使他說的話多少有點不合理，也應該敷衍一下比較好……」

「只要一跟那個人說話，就會莫名地一肚子火。和其他人相處時明明不會這樣的……」

「不知道為什麼我一看到那個人就覺得討厭。他也沒有對我做過什麼特別討厭的事情，但我不知為何就是無法喜歡他。這種情況明明很少發生，到底是為什麼呢……真不可思議……」

上述感覺是否似曾相識呢？

你是否遇過這種「沒來由地就看不順眼的人」？

我當然也有過這樣的經驗。而且腦中馬上就能浮現出好幾個人的臉。

基本上我很喜歡「人」，所以極少發生一看到某個人就覺得他很「討厭」或「看不順眼」的情況。我是這麼想的，一樣米養百樣人，不管是誰都應該維持他原本的樣子就好，最好的情況是每個人都能不勉強自己、活出自己的人生，所以大多數的人即使做出我不喜歡的行為，我也能予以包容。

舉例來說，大家應該都知道如果有人在車站的售票機前花很多時間買票，後面等待的人就會很不耐煩。但是我不會因為這種事情生氣。每個人當然都有擅長與不擅長的事情，而且我有的時候（不，應該是常常）也會因為找不到錢包而磨磨蹭蹭的，影響到後面的人。

此外，我認為即使像這樣帶給彼此麻煩，也能互相包容的高容忍度、高寬容性社會，才是「成熟的社會」——也就是「大人的社會」。

無論如何，不管是因為我抱著這樣的想法，或是原本個性就溫吞，我看大部分的人都不會覺得不順眼。

但是，內心有「完美障礙」的人（完美主義者），不僅自我要求高，往往也希望別人能夠完美。換句話說，他們嚴以律己，也會嚴以待人。即便心裡面清楚：「一樣米養百樣人，沒必要遇到每一件小事都生氣。」實際上看到在車站售票機前磨磨蹭蹭的人，還是會忍不住火大：「為什麼不先準備好再來排隊呢？」

但我並不是這種人。

我的個性與完美主義一點也搆不上邊。當然，遇到重要的事情（譬如本業心理諮商師的養成）還是會有「這個部分絕對不能妥協」或「這個部分必須是這樣」的講究，我想如果沒有這樣的講究也無法把工作做好。但在小事方面，譬如剛才舉例的售票機例子，就完全不會生氣。

我就是一個「基本上可以容忍所有的事情」，覺得「每個人最好都能保持自己喜歡的樣子」的人，即使如此，還是有極少數的情況會讓我覺得「欸，這個人不知道為什麼就是看不順眼」或「莫名地就是想反抗這個主管」。

各位讀者是不是也會這樣呢？

如果可以，請你回想一下這些人的面孔。

讀者當中，或許也有人會覺得「沒有哪個人像這樣讓我莫名討厭的」。這樣的讀者內心可能想著「不能毫無理由討厭別人」。如果是這種情況，討厭的感覺就不會出現在意識當中，而是會在身體上產生排斥的感受。

因此，即使心裡覺得「這個人也用他自己的方式在努力」，身體還是會感受到「只不過和他在一起，肩膀就莫名僵硬」等的變化。

如果是這種狀況，也請回想一下這些讓你覺得「不知道該如何相處的人」。

透過沒來由地討厭一個人，理解和發現自我

這裡最重要的一點，就是這些人都「明明沒有什麼讓人討厭或生氣的特定理由，卻不知為何難以忍受」。

舉例來說，假設各位讀者遭到職場的上司或同伴中年長的人利用職權騷擾，這種

情況的理由就很清楚。

但如果是「明明沒有什麼特殊的原因，也想不出自己生氣、討厭的理由，卻依然無法忍受這個人」，那麼原因就與對方無關。

你無法忍受這個人的理由，恐怕出在自己身上。

因此，回想「沒來由卻失敗的人際關係」或是「莫名其妙看不順眼的人」，能夠幫助自我理解、自我發現。

因為在「沒來由就看不順眼」或「沒來由就討厭」某個人的情況下，我們與那個人的關係，多半刺激了自己也沒發現的潛意識心理狀態。

不過，在分析潛意識層面時，可以考慮採取的方式有兩種。

一種是因果論式的分析，也就是回想自己過去的創傷，與父母間的關係或是幼年時期發生的事情等，從中探尋現在產生「沒來由不快感」的「原因」。

舉例來說，酒席或許是人們會忍不住透露出自己內心「真實想法」的場合。

有些人發現酒過三巡之後，自己會做出一些連自己也無法理解的言行舉止，或是說出一些自己也不知道為什麼要說的話。

譬如平常明明不會做出不尊重主管的舉動，卻在尾牙酒酣耳熱之際，忍不住藉著酒勁，調侃起某位主管。

明明對其他主管都不會這樣的，為什麼偏偏就是想要調侃這位主管呢……由於自己也不清楚原因，於是就暫時在腦袋放空的狀態下回想這位主管的一言一行。當你放任大腦隨意回想，腦中突然浮現出父親的臉。

「對了，這位主管和我父親長得有點像，臉的輪廓、眉毛下垂的樣子，還有笑起來的眼神也很相似。」

在你小時候，每當你一說「我想做這件事」「我喜歡這個」「我覺得是這樣」的時候，你的父親就會笑著說：「別任性了。」「閉嘴！」

於是你發現：

「原來如此……我之所以會在酒席上莫名其妙地調侃那位主管，是因為我把那位主管的形象與童年時的父親重疊在一起。

那個總是保持溫和笑容，卻不斷地打壓我的想法，完全不聽我說話的父親……我把那位主管與這樣的父親形象重疊，所以會想要調侃他。」

像這樣把自己潛意識中的想法投射在他者身上的行為，在心理學上稱之為「移情」或「投射」。無論如何，這種情況都可以想成是：「我們把過去發生在人際關係上的不愉快經驗，套用在某位新的人物身上，所以我們無法接受那個人。」

這是從「過去」尋找自己不快「原因」的「因果論」式說明。

「這一點無法讓步」的心理表現出你靈魂的本質

我們會沒來由地對某個人產生嫌惡感、反抗心或不快感。

這樣的心理可以採用「目的論」式說明來解釋，不同於「因果論」式說明，「目的論」式說明不會從「過去發生的事情」中尋找原因。

「目的論」的立場將眼光擺在更深層的心理活動上。其想法不是「因為過去發生了〇〇這樣的事情，所以我現在變成□□」，而是「我之所以會產生□□的情緒，是因為上天想要通知我某件重要的事情。」我們也可以想成是上天藉這個機會，告訴我們在接下來的人生當中需要什麼。

簡單來說，「因果論」重視的是過去，希望從過去發生的事情中找出原因。另一方面，「目的論」重視的則是未來，會將現在發生的事情解讀成內心深處送給未來人生的訊息。

兩者的立場在基本心態上有這樣的不同。

接下來，假設我們對某位主管湧現出強烈的不滿。

目的論會如何解釋這樣的心理呢？

簡單來說，目的論將這樣的心理想成是「個人靈魂本質」的表現。

世界著名的原型派榮格心理學論述者詹姆士．希爾曼是這麼說的：

守護靈（Deamon）會給你各式各樣的「線索」，讓你想起自己的使命。守護靈會賦予你動機。守護靈會守護你。守護靈會編造故事，讓你近乎固執地投入某件事情當中。守護靈不允許妥協，時常會強迫本人做出脫序的反常行為。（尤其當守護靈遭到否定或妨礙的時候）守護靈也會創造出讓你安心的避難所，但不會一直讓你天真地待在那裡。此外，他也會讓你的肉體出現疾病。

——詹姆士．希爾曼著，《靈魂密碼》

這裡所說的「守護靈」是柏拉圖或蘇格拉底等知名希臘哲學家經常使用的語言，也可以說是「靈魂的本質」。

我希望各位可以理解，如同希爾曼所言，人在自己靈魂的本質遭到否定或妨礙的情況下，會變得頑固而拒絕一切「妥協」，因此常常會出現周圍的人看起來會覺得是「脫序反常」的行動。

舉例來說，假設有個人深深受到一間公司的企業理念、或是老闆描述的企業任務所感動，覺得「我想和這些人一起工作」而進入這間公司。

然而，實際進入公司之後，才發現公司與先前想像的完全不同。

尤其是自己所處部門的直屬上司，只會一直強調「利益、利益、利益」，什麼都講求利益，一點也感受不到老闆口中的「這間公司的社會理念」。

當然，他會覺得自己才剛進公司沒多久，要說多了解這份工作，心裡完全沒有底，自己也會懷疑「或許只是因為我還不了解這份工作，才有這種想法」。另一方面，考慮到未來的發展，現在突然反抗主管也絕非良策。

不過，他雖然表面上不反抗，心中的憤怒卻難以壓抑。進而產生「不管怎麼樣都無法接受」「這點絕不能退讓」的情緒。

如果出現了這種情緒，就代表這樣的情緒來自這個人「靈魂的本質」，如果把這點忘掉，他的內心深處，就會覺得自己不能再活得像自己了。

請你回想至今為止的人生。

「只有這點無論如何都不能退讓。」

「只有這點絕對無法妥協。」

你是否曾經受到這種想法驅使，不顧利害關係與打算，近乎冥頑地堅持某項原則，甚至不惜與上面的人反抗呢？

這個原則表現出來的就是你「靈魂的本質」。

要是現在的你忘記了這個原則，只要將其回想起來，重新找回這樣的生活態度，就能讓你在內心深處真正活得像自己。

「靈魂的本質」就是「為了讓你活得像自己的不可或缺的要素。」

你對主管的「反抗」，現在看起來會覺得「自己當時真是乳臭未乾」的「正義感」與「憤怒」，或是「無論如何，只有這點不能退讓」的頑固執著……都是為了讓自己在內心深處回想起「保有自我需要些什麼」而產生的行為。這些行為讓你回想起必要的原則，以便讓你在人生中保有「你」的存在本質。

當然，二十多歲時的「正義」與四十多歲時的「正義」，其應有的樣貌也不會一樣。

我不是叫你「回到年輕的時候」。

我只是希望你能夠想起，年輕時感受到的「這點無論如何都無法退讓」的想法，或是「憤怒」「正義感」「反抗心」……這些要素當中，或許保留了讓你在人生剩餘的時間真正活得像自己，忠於自己的靈魂本質活下去時，不可或缺的重要殘片。

莫名討厭的人教會我們的事

即使我們沒有什麼特別的理由，還是會想疏遠某些人，覺得「那個人莫名地討厭」。

我們還能藉著回想起那個人，而獲得另一項重要的發現，那就是你覺得「莫名討厭」「看不順眼」的人，其實就是「你自己的一部分」，也是「你所不想承認的，自己的影子」。

有些人聽到我這麼說，或許也會這樣想：「什麼！那個『看不順眼的人』其實是我自己的一部分？真討厭，我不相信。」

以我自己的經驗為例。

我在三十五歲左右，認識了某位專門研究社會學的大學教授。我一看到他，就直覺生出一股厭惡感，覺得「以後沒事盡量不要和他扯上關係，這樣最安全。」

這位教授五十五歲左右，卻老是穿著T恤牛仔褲。就一般眼光來看，似乎是個「擁有自由氣質的人」，但是我只要和他一起工作，就不知為何無法自由發揮，莫名地有種很受壓抑的感覺。

那時，只要一想起這位教授的臉，就會讓我覺得不舒服。

不過，這也是一種「自我發現的機會」。

這位教授明明不太認識我，卻會裝得一副跟我很熟的樣子，用「我說你啊……」做開場白對我說教。如果喝了酒，更是變本加厲難以應付。

而且他已經一把年紀了，卻全身散發著「永遠長不大的氣質」以及「拒絕成為大人的氣息」。

而且我原本就不覺得這位教授具備研究者應有的實力。除了大學教科書，我沒讀過他寫的其他書籍，儘管如此，他依然靠著拍年長權威者馬屁的手腕飛黃騰達。他自己雖然做得風生水起，卻又老是挑剔年輕研究者的毛病。

我現在雖然憑著二十多年前對這位教授的感覺列出一些他的壞話，但這其實頂多是「穿鑿附會的理由」。

因為我從看到這個人的瞬間，就開始討厭他了。

於是，我試著在「意識矇矓的狀態下」，放鬆地冥想自己為什麼會如此莫名地討厭這個人。

結果，我腦中浮現出他「莫名油亮、濃稠、黏答答的鼻頭的油」。

我暫時仔細體會一下這幅影像的意義，結果發現這代表的是「土黃色且質地黏稠混濁的世界。」

接著我再從那個世界回頭看自己，發現自己雖然總是精神奕奕地努力著，但腦中卻浮現出自己背對著內心深處「混濁」「黏稠」世界的身影。過了一會兒，我似乎聽到了這樣的訊息：「不管你再怎麼逃，還是會被那個混濁、黏稠的世界絆住喔。」

現在回過頭來看，這個訊息似乎也隱約地宣告我即將邁入「中年期」。「或許你現在才三十五歲左右，但是再過幾年就四十了，不要光是往前走，差不多該準備接受自己心裡面那個『混濁、黏稠的世界』『所有事情都可以協商、關說的大人的世界』，如果不這麼做，會在意想不到的地方被扯後腿喔！」我想，這正是我「最討厭的人」教會我的事情。

「那個沒來由的，莫名令我討厭的人」「看不順眼的人」，正是我們自己「內心的陰影」「自己不想承認的，自己本身的一部分」。

而這個「內心的陰影」，幫助我們發現「必須發現」的事情，為我們帶來重要的人生訊息。

人生的練習二

回想「不知為何，沒來由地想要抵抗的事情」或「毫無理由就討厭的人」等，在各種人際關係的場景中發生的事情。

現在，讓我們在這裡保留一段安靜自省的時間。

自己一個人獨處，在意識矇朧的狀態下，審視至今為止發生在人生當中的事情（或是現在正在發生的事情）。

請在意識矇朧的狀態下，讓思緒圍繞著在「人際關係」中發生的各種事情打轉。

一、請回想一生之中人際關係裡的幾件事情。尤其請你回想起，在你與上位者的相處經驗中，受到「只有這點無論如何無法退讓」「只有這點絕對不能妥協」等想法的驅使，不顧利害關係與打算，以執著得近乎頑固的心情反抗上位者的經驗。

二、如果你所堅持的原則表現出你「靈魂的本質」，那會是什麼？你如此頑固地執著於這個原則，是為了「守護什麼」或「不想失去什麼」？

三、當你試圖保持自我時，「無論如何都需要的東西」，「沒有了你就不能活得像自己。它就是你的本質。」那個東西是什麼？

四、如果你忘了這點，只要將其回想起來，重新找回這樣的生活態度，就能讓你在內心深處真正活得像自己。想要做到這點，必須做出哪些努力？

五、接著，請回想你在人生中遇過的「沒來由就覺得討厭的人」「莫名看不順眼的人」。

請在「意識朦朧的狀態下」仔細回想一下他是什麼樣的人？你莫名地討厭這個人的哪一點？

六、這些人際關係上發生的事情，在你的人生當中擁有什麼樣的「意義」？請你在「意識朦朧的狀態下」仔細回想每一件發生的事情。不要透過大腦思考來得出結論，而是要在模糊的意識下讓思緒自由打轉，等待這個「意義」自然從思緒當中逐漸浮現。

七、試著把這幾件事情「串聯」起來（讓事情產生交集）。你發現了什麼？

八、根據現在心中浮現的想法，填寫下列問答。請直接寫下腦中浮現出的第一個想法。不要花太多腦力，請憑直覺填寫。

試著填寫不用勉強自己思考就能寫出來的答案。

如果什麼都沒想到就不用寫，等到下次想起什麼的時候再寫下來就可以了。

- 「我這一生的人際關係中，所經歷過最痛苦的事情是＿＿＿＿。
但是，現在回過頭來看，這件事情有＿＿＿＿的意義。」
- 「上天賦予我這一生的課題是＿＿＿＿。」
- 「上天賦予我這一生＿＿＿＿的使命。」
- 「我人生的意義是＿＿＿＿。」

第四章
婚姻與夫妻關係的煩惱
——為什麼我非得和這個人在一起不可呢？

和這個人維持婚姻生活的理由是什麼呢？

近幾年來，我從事心理諮商工作，尤其是面對三十多歲的個案時，最頻繁被問到的一句話就是：「為什麼我非得結婚不可？」

對生活在這個時代的我們來說，如果前面提到的「為什麼我非得工作不可」的疑問代表「工作的意義」開始動搖，那麼「為什麼我非得結婚不可」的疑問，或許同樣代表了「結婚的意義」開始動搖。

工作與結婚，在過去被認為是理所當然的事情，不曾被打上問號，但對於生活在這個時代的我們來說，其意義已經不再是不言可喻，而是值得認真一問的問題。

二三十多歲時提出的「為什麼我非得工作不可」這種對於「工作意義」的提問，到了四五十歲觀點就會改變，開始轉變成「為什麼我必須一直從事這個工作」這種實質的問題。同樣地，二三十多歲時提出的「為什麼我非得結婚不可」這種對於「結婚意義」的疑問，到了四五十歲也一樣會改變，開始轉變成「為什麼『我』非得一直和『這個人』一起生活？」「『我』非得維持和這個人的婚姻生活，理由到底是什麼呢？」

本章將與各位一起思考，與工作相提並論的人生重大課題——「結婚的意義」。

「求職憂鬱」與「徵婚憂鬱」

前面已經提過，以現在求職中的年輕人為首，生活在這個時代的許多人，心中都抱著這樣的問題：「為什麼我非得工作不可呢？」「即使經歷了這麼痛苦的事情，我還是得工作嗎？」

如果長期不得不持續在惡劣的環境中工作，或是在求職過程中連續被刷下來幾十次，自尊心也會變得傷痕累累。

在這樣的環境中，不免有愈來愈多人怨嘆：「為什麼即使一個人的自尊被糟蹋到這種程度，還是得繼續工作呢？」並且開始懷疑「工作的意義」。

在婚姻方面也發生了類似的現象。

「永無止盡的求職。」

「永無止盡的徵婚。」

你是否也聽過這樣的句子呢？

不管應徵過多少次，依然找不到工作，無法成為公司正規雇用的員工；或者即使找到工作了，這個工作也難以滿足自己、讓自己接受，或者得到安定感，結果不得不反覆換工作。

如果「永無止盡的求職」是這樣的意思，那麼「永無止盡的徵婚」就如同字面的意義所示，指的是不管參加多少次徵婚活動都不順利，最後自尊心變得傷痕累累的狀態。

各位讀者身旁是否就有這樣的人呢？

明明參加徵婚活動了，但過了五年、七年，甚至十年，都找不到滿意的對象，或者每次都是「就算一開始感覺不錯，也馬上就吹了……」結果不管過了多久，徵婚活動都無法結束……

這樣其實很痛苦。

如果無論找多少工作都一直無法被錄取，會讓人產生「自己這個人」完全遭到否定的感覺，那麼不管參加多少徵婚活動都不順利的人，或者一直遭到拒絕的人，也一樣會產生這種感覺，傷了自尊心。

前面也已經提過這個驚人的數據資料：由於許多人不管應徵過多少次，都找不到任何工作，因此每七位有過求職經驗的人當中，就有一位陷入「求職憂鬱」的狀態。而徵婚活動也一樣，因為持續徵婚好幾年都無法順利找到對象，使「自己這個人的尊嚴」受到傷害，而失去活下去的能量，最後得到憂鬱症的人急速增加。「徵婚疲勞憂鬱」的人愈來愈多。

不，「徵婚疲勞」這幾個字太輕描淡寫了，應該說，多次徵婚失敗，導致自己這個人完全遭到否定而受傷，產生「自己一點價值也沒有」的想法，最後罹患憂鬱症的人愈來愈多。

實際上，現在確實有專為「徵婚疲勞」而罹患心理疾病的人開設的精神科診所。不限定治療類別的河本精神科診所（東京都墨田區），也開設了「徵婚疲勞」門診，由該院的顧問小野博行醫師負責看診。小野醫師原本是憂鬱症專家，他看到不少人因為徵婚失敗而遭受心理創傷，罹患憂鬱症，認為有必要打造一個能夠「接受」這些人的空間，因此開始了徵婚疲勞門診。

前來看診的人都有害怕遭到異性拒絕的不安與恐懼，並且伴隨著憂鬱症狀，陷入「反正我不管試幾次都會失敗」「我沒有身為男人（女人）的價值」等負面思考。患者當中也有不少人因為在徵婚活動中遭到拒絕，結果不只對戀愛與結婚失去信心，甚至全盤否定人生，覺得「反正我就是個沒有價值的人」。

「求職憂鬱」與「徵婚憂鬱」就這樣急速增加。

這些現象顯示，工作、結婚等人們過去普遍認為「平凡的人只要照著平凡的路走下去，自然就會水到渠成的事情」，已經不再是如此。

徵婚活動現象的功過

話說回來，徵婚活動本身並非毫無意義。

非常多的男女因為參加徵婚活動而開始交往，我認為即使只是這樣，「徵婚」現象還是有意義的。

根據某項調查顯示，這幾年當中，約有四成剛開始交往的情侶，是在「徵婚活動中認識，並且開始交往的」。若真是如此，「徵婚熱」發揮的效果之大，不容忽視。

政府甚至可以頒發榮譽獎給想出「徵婚活動」這個概念的人，感謝他對解決少子化問題帶來的貢獻。

那麼，我們是否能夠舉雙手雙腳贊成徵婚活動呢？當然也非如此。因為徵婚活動是會明確分出勝利組與失敗組的殘酷遊戲。

如同「徵婚市場」這四個字所示，人們一旦開始參加徵婚活動，就會立刻將自己化為「商品」，為自己在這個市場中標上價格。

我的學生當中，有些人主張「遇到好的物件一定要趕快下手」，並且很快就結婚了，但也因為這樣，現在未婚的人多半對「自己在徵婚市場中的價值」非常敏感。

愈來愈多的男女，即使心裡真正的想法是「如果不參加什麼徵婚活動，而是等待自然的邂逅，說不定會遇見更棒的人，並且與他（她）結下很深的緣分」，也會因為不希望自己的「市場價值」降低，在遇見差不多的人時就妥協成交，踏入婚姻。

夫妻面臨的「中年危機」試煉

然而問題是，因為在意「市場價值」而彼此妥協成交的男女，到底能不能以充實的心情度過持續數十年的婚姻生活呢？

舉例來說，假設某對男女在年近三十，或是三十多歲時結婚。

當然，這對夫妻在過了十年、二十年後，就變成四五十歲了。

此時，這對夫妻就不得不直接面對「中年危機」的試煉。

不只是在徵婚活動中認識、結合的夫妻，所有在二三十歲因為「衝動」而結婚的夫妻，一樣會遭遇「中年危機」。當夫妻面臨中年危機，就不得不面對「實質問題」。

這個問題簡單來說，就是「你們稱得上是真正的夫妻嗎？你們兩人之間，存在著從內心深處培養出的能夠稱得上是真正夫妻的深層羈絆嗎？」

這個問題就是在探討這對夫妻是否僅是形式上的夫妻，或是假面夫妻。

或者，這也是在問：

「獨一無二的你，必須與你獨一無二的妻子（或是丈夫）維持夫妻關係，這件事有必然的意義嗎？」

「為什麼你唯一的人生伴侶不是其他人，非得是這個人不可呢？你能了解，或是感覺到其中代表的意義與理由嗎？」

深層心理學家卡爾・榮格也曾這麼說，四十五歲之前是「人生的上午」。四十五歲以前，人們忙著達成工作上的成就、組織家庭、養兒育女，創造外在的價值，處在人生的上坡階段。

然而多數的人，從四十五歲到五十多歲左右，就會開始視力減退、齒牙動搖，生物機能急速衰退。

人生從這段時期開始進入下午階段，走向下坡。

這時面對的課題，不再是「創造外在的什麼」，而是開始探尋「人生內在的意義」。

青春期質疑過的「活著的意義」，到了中晚年再度以不同的方式被提出。青春期與中年的共通點是，先前的理想狀態突然不再適用，「自己」的形態瓦解，開始進入渾沌狀態。因此，不少人進入中年期後，再度提出「自己活著的意義是什麼？」這個青春期曾經提出過的實質疑問，但這次採取不同的發問方式。

這也是中年期相對於「思春期」（青春期），又被稱為「思秋期」的緣故。

因為這兩個時期，都是不再能夠維持自己先前的樣貌，生活方式也不得不做出變動。

「自己」的樣貌，到了中年期再度變得模糊不清。而這也為「夫妻關係」帶來不同於先前的意義。

大部分的人直到將近四十歲，都會認定「夫妻不就是這樣嗎」，或是覺得「哪對夫妻都一樣吧」，而並未深入思考夫妻關係的問題，但是到了四五十歲時，就會開始重新質疑「這樣下去真的好嗎？」「這樣真的稱得上是夫妻嗎？」「和這個人（而不是其他人）一起度過餘生，真的有意義或理由嗎？」

問題在於，這個時候你如何看待身旁的伴侶（配偶）。

年薪、外表、社會地位等徵婚時代重視的「市場價值」等外在條件，到了四五十歲，生活大致穩定後，逐漸變得沒那麼重要。

到了四五十歲的時候，金錢或外表的魅力價值變低，取而代之的是，開始實際感受到「時間」的重要性。

隨著精神、體力的衰退，也會開始感覺到「自己擁有的時間，實際上也沒剩多少了吧？」

這些開始意識到「自己人生有限性」的中高年者，同時也會開始思考：

「和這個人（而不是其他人）一起共度有限的剩餘時間真的好嗎？」

人到了四五十歲左右，性方面的魅力、財產、社會地位等，本身「擁有」的外在附加價值，不再具備太大的意義，取而代之的是，這個人內在的「樣貌」開始變得重要。因此我們會開始自問：「我與這個人在剩餘的有限時間中，真的可以互相分享每一刻，一起生活下去嗎？」

人要到了這個時候，才能知道二三十歲在「徵婚活動」中選擇伴侶的結果是否正確。

換句話說，「徵婚活動」是否成功，是必須等待二十年才會有答案的大哉問。

應該和什麼樣的人結婚？

很多中高年人，會一邊回顧過去一邊思考：

「那麼，我其實應該和什麼樣的人結婚呢？」

「話說回來，婚姻到底是什麼，夫妻應該是什麼樣的關係呢？」

此外，有孩子的人，也會開始產生這樣的想法：「我希望女兒（兒子）擁有這樣的婚姻」「我不希望女兒（兒子）擁有這樣的婚姻」。

其實大部分的父母應該都知道，過度把這種父母的期待加諸在孩子身上並非明智的做法。

但是，即使如此還是會忍不住叨念，這是因為父母都會這麼想：「要過二十年以上才會知道婚姻到底是什麼。」「自己年輕的時候也不知道什麼才是最重要的。」

「正因如此，我要想辦法把自己學到的事情告訴孩子。」

那麼，應該選擇什麼樣的結婚對象才好呢？

重點之一，就是必須知道對自己來說，一起共度婚姻生活的對象「最重要的特質是什麼」。

人類是任性的生物。

外表很重要，造型很重要，年薪也很重要，還必須要有共同的興趣……我們會希望一個對象就能滿足所有自己追求的條件，但這是不可能的。

「如果要一起度過漫長的人生，只有『這個』是不可或缺的」「如果想要兩個人一起變老，我想只有『這個』是無論如何都需要的」——自己心裡必須要知道，「這個」到底是什麼。

只有「真正的夫妻」才能培養出來的感覺

一起生活十幾二十年的夫妻當中，只有「真正的夫妻」之間才能存在某種感覺。

這種感覺很難用言語形容，但一定要說的話，就是存在於兩人之間的「靈魂結合的必然性」。

這是一種在回顧人生時，所產生的「我的人生在必要的時候帶領我遇到必須遇到的人，並且將兩人結合在一起」的感覺，而我也認為，真正的夫妻能夠確實感受到與伴侶之間的「必然的結合」，覺得「我開始和這個人一起編織人生了。」「如果沒有這個人，我的人生就無法走到這一步。」

或許有些人會覺得，這種感覺，應該要經過十幾二十年的婚姻生活才能感受得到吧？

這種感覺確實也有這樣的一面。

然而，如同尤金・詹德林所言，人類擁有「冥冥之中對未來的預感」，這種感覺雖然無法明確言說，但卻可以清楚地感受到其確實存於自己內在。

在我們遇到那個人的時候，「命運的紅線」還沒繫上。但人在自己心中對於即將發生的事情往往有著「冥冥之中的預感」，隱約感覺到紅線或許將要繫上，並且在這個預感的引導之下行動，讓紅線從「冥冥之中的次元」開始生效。而引導我們的「冥冥之中的指引」，也透過事情實際發生而開始轉變。

這種感覺，每個人都能夠體會吧。

如果一定要用言語表達，這種感覺就是「如果對象不是這個人，靈魂就不會產生共鳴。」或是「只有和這個人在一起時才能感受到靈魂互相呼應。」

真正的夫妻能夠互相尊重，甚至包含彼此的差異，而且能夠覺得：「欸，果然，除了這個人，沒有其他人能了解我的內心最深處，並且與我產生共鳴。」我想，真正的夫妻就在這種「必然相繫的感覺」引導之下，培養出關係。換言之，我們或許也能這樣形容這種關係：「如果沒能與這個人結合，自己就不會是現在的自己了。」

人生一定有變化。

即使這個人現在擁有姣好的容貌，過了二十年也可能完全改變。

即使這個人現在擁有高收入，其任職的公司也可能在社會的變化中破產。

即便想要選擇「能夠幫我生孩子的人」，也有可能不管經過多少努力，還是沒辦法懷孕。漫長的夫妻生活中，或許會遇到無數讓你覺得「不應該是這樣」的事情吧。

不過，即使遇到各式各樣出乎意料的事情，只要能有「果然，如果不是這個人，就不會擁有這種只要在一起就能心意相通、共鳴的感覺。」這種「必然的感覺」應該能夠讓你不管發生什麼事情都不後悔與這個人結婚。

這或許是「理想婚姻」的形式之一吧。

法國哲學家兼作家西蒙波娃，將存在主義的旗手沙特當成一生的伴侶，但是兩人並沒有登記，並且以婚後必須「允許對方偶發性的戀愛」為條件，締結「契約婚姻」。當然，即使理性上可以接受這樣的條件，還是會因為嫉妒等各種情緒所苦。然而，這兩人始終並未因此解除「契約」，這或許就是因為他們兩人之間，存在著超越了單純只是以「性」結合的某種「關係的必然性」。

「不結婚」可以規避人生最大的風險？

普林斯頓大學的丹尼爾．康納曼教授（Daniel Kahneman）是正向心理學專家，他於二〇〇六年在相當具權威性的期刊《科學》（*Science*）當中，發表了一篇論文，名為〈富裕能讓人更幸福嗎？——焦點帶來的錯覺〉。

我們很容易以為「家庭收入高的人比其他人更幸福」，但這篇論文證明了這其實是「錯覺」，而文章刊出之後也掀起了一番討論。

該論文調查了四十歲以上「已婚者」與「單身者」的不幸率，並且進行比較。他在調查之前預測，已婚者中「不幸者」占百分之二十八，單身者中「不幸者」則占百分之四十一。但調查之後發現，實際上已婚者當中「覺得自己不幸的人」占了百分之二十三，相較之下，單身者當中「覺得自己不幸的人」竟然只占了百分之二十一。換句話說，覺得「自己不幸」的已婚者比單身者還多！

這個結果清楚顯示，結婚不管對誰來說都不是件容易的事。

單身的人往往會以為「只要結婚就能獲得幸福」，但事實絕非如此。

一旦「結婚」，人生就會產生劇烈的改變。結婚後必須養兒育女、操持家務，所有事情都不再能自己一個人決定……可以自由運用的時間一下子減少了許多，明明是自己賺的錢，有時候也不能自己決定使用方式。

當然，結婚可以得到許多東西。然而，失去的東西也不比得到的少。

這麼一想，就會覺得不一定要勉強自己結婚。甚至反而可以說，選擇「不結婚的人生」，就是「選擇規避人生最大風險的生存方式」。

當自己「並不真的想要結婚」的時候，或是處在「不確定是否想要結婚」的狀態時，完全沒有必要因為在意周圍的眼光而急著步入婚姻。

現在這個時代，五十多歲的未婚女性占了一成，未婚男性也有兩成，「未婚」已經不再是暫時性的人生階段，而是一種「生活型態」（不結婚的生活方式）。

如果你因為「想要結婚」而做了許多努力，卻依然找不到好的對象，或許可以試著這麼想：「我的守護靈知道我如果結婚會變得更加不幸，因此祂為了保護我，才故意讓我在徵婚活動中失敗。」

人生的練習三

回過頭看為什麼這一生中會與這個人持續婚姻生活呢？

● 「我的婚姻生活中（或是在從事徵婚活動時）所經歷過最痛苦的事情是＿＿＿＿。然而，現在回過頭看，這件事情有＿＿＿＿的意義。」

● 「我的婚姻生活（或是徵婚活動），在不知不覺中引導我走向＿＿＿＿。在這段生活中發生過最重要的事件是＿＿＿＿。」

● 「我從婚姻生活（或是徵婚活動）中學到最重要的事情是＿＿＿＿。」

● 「我因為＿＿＿＿而開始與這個人共度婚姻生活。我們兩人之間有稱為＿＿＿＿的必然連結。」

● 「我如果不與這個人共度婚姻生活，就不會有＿＿＿＿。所以我開始與這個人共度人生。」

●「這樣的人生，帶給我＿＿＿＿的課題。」

●「上天賦予我的人生＿＿＿＿的使命。」

●「我誕生到這個世界上的意義是＿＿＿＿。」

第五章

養兒育女的煩惱

——為什麼孩子無法按照我的期望成長呢？

只展望未來反而造成親子間的鴻溝

我從事教育相關的心理諮商工作至今已約莫二十五年。

在這二十五年間，聽了許多父母傾訴他們養兒育女的煩惱、痛苦、疲憊。

我從他們的經驗中深刻感覺到：「沒有不為養兒育女而煩惱的父母。」

如果你想著「我從未因為養育孩子而煩惱過」，那麼你相當幸運。應該要好好地感謝你的孩子。

每個父母都覺得自己的孩子可愛，希望孩子能夠得到幸福。而正因為有這種對孩子的愛，對於孩子無法按照自己期望成長的焦慮感也會特別強烈。

然而無論父母多麼疼愛孩子，多麼為孩子的將來著想，如果一味地將「希望你能夠如此成長」的期望加諸於孩子，還是會讓孩子愈來愈喘不過氣。

父母會忍不住站在「考慮未來」的角度告誡孩子：「考慮到你的將來，應該再怎麼做會更好。」

但站在孩子的角度，會從「現在的觀點」解讀父母的態度，認為「父母否定現在的自己。爸爸（媽媽）認為我現在這樣不行。」

事實上，扭曲的親子關係多半來自於這種親子之間的「觀點差異」。

「父母站在考慮未來的角度告誡孩子」與「孩子從現在的觀點，感受到父母否定目前的自己」——這種「觀點的差異」，讓許多親子關係產生嫌隙。

那麼，應該怎麼辦才好呢？

改善親子關係的方法就是消除這種「觀點的差異」。

父母也應該站在「現在的觀點」，接受孩子現在的樣子，與孩子建立關係。

這麼一來，就能稍微減輕父母自以為是的觀念主張或是拘泥執著。

在此，我想要告訴各位父母下列這段話：

「孩子擁有他自己的人生。

孩子有他自己在人生當中必須完成的課題，有他自己必須邁向的人生道路。所以，養育孩子和工作不同，並不是只要你拚命養育他，就能獲得與你的努力程度相當的成果。

養兒育女只能順其自然。」

「養兒育女只能順其自然」——當父母這樣看開的時候，才能站在「現在的觀點」，在心情上開始願意接受「孩子現在所呈現的樣貌」。

如何和只會說「隨便」「然後呢」的叛逆期孩子相處

多數父母的煩惱在孩子進入所謂青春叛逆期的時候會變得更嚴重。每個孩子進入青春叛逆期的時間大不相同，不過大多落在小學五年級至中學三年級之間。

大部分的孩子直到小學四年級左右，都是「沒有任何問題，令人驕傲的孩子」，或是「可愛得不得了，我家的孩子」。

但這樣的孩子自從升上小學高年級或中學之後，不管問什麼都只會回答「隨便」或「然後呢」，變得莫名地叛逆，甚至還有不少孩子不論什麼事都要頂撞父母。

而當孩子採取這種叛逆的態度，父母也會大發雷霆：「你是什麼時候變成這樣的。」就連不必要的話也忍不住說出口，反而碰觸到孩子的敏感神經。

青春期的親子關係一直處不好，大部分都是因為這樣的緣故。

這種時候應該做的是修復親子關係。

但父母很難看見這點，他們只會在意孩子「明明快要考試了卻還不去讀書」。在親子關係不佳的情況下，即使叫孩子讀書，孩子也不可能讀。但站在父母的角度，還是會忍不住敦促孩子：「快去讀書。」結果孩子當然更不願意。正因為父母這樣開口了，孩子就會想：「就算是賭一口氣，我也不為父母讀書。」

父母一直催促孩子「去讀書」，常常是孩子不願讀書的最大理由。因為如果這時去讀書了，就會變成是「對父母屈服」。孩子之所以會只為了賭一口氣而不讀書，就是討厭變成這種情況。如果孩子因為對父母屈服而讀書，他們的自尊心就會受傷。

然而，當父母看到「只為了賭一口氣而不讀書」的孩子，也會產生「只為了賭一口氣，所以要逼你去讀書」的想法。到了這種情況已經是意氣之爭，變成父母與孩子賭上自尊心，比賽「看誰先屈服」的權力遊戲（權力鬥爭）。

這種時候該怎麼做比較好呢？

首先，必須暫時「拉開實質上的距離」。

當你因為孩子的言行舉止而升起一把無名火，就是該「拉開距離」的時候了。

舉例來說，你可以衝進廁所裡，花五分鐘的時間深呼吸。

你也可以帶著精油棒進去，聞著精油的味道轉換心情。

如果過了一陣子心情依然無法平復，就暫時出門一段時間。你可以到家庭餐廳找朋友互相訴苦之後再回家，或是去ＫＴＶ一個人大聲歡唱，只唱三十分鐘也很有效。

重點在於，你不能帶著焦慮、煩躁的心情與孩子相處。因為在焦慮的狀態下即使與孩子溝通，也無法改善狀況。

當你在看到孩子時內心升起一把無名火，或是變得焦慮不已，請嘗試用各種方法讓心情平靜下來，等自己情緒穩定再找孩子溝通。

孩子也有他必須完成的使命

我是這麼想的。

所有的孩子，都帶著刻畫在他靈魂當中，只有他才被賦予的任務（人生必須完成的使命）降臨到這個世界上。孩子的靈魂從看不見的世界降生到人間時，會自己選擇他的父母以及ＤＮＡ，透過他們來到這個世間。

孩子的靈魂，從遠在蒼天之上那個看不見的世界時，就已經仔細觀察過他們的父母了。「我就降生到這兩個人的家裡吧。我就借這兩人的ＤＮＡ，當成我在這個地面世界使用的身體吧。這麼一來，我應該可以完成必須完成的事情。如果是這兩個人，應該可以供給我在完成任務時所需的愛、養分、ＤＮＡ，還有成長所需的嚴峻考驗。」孩子會選擇父母，緩緩地降臨到這個世界。

我們往往會不小心忘記孩子具有獨立於父母的人格，孩子的人生也被賦予他這一生應該完成的特有任務。

這個疏忽會讓父母自以為是地將「希望你變成這樣」「希望你從事這個職業」等期望強加於孩子。青春期的孩子對於父母這種行為非常敏感，若有這樣的感受他們就會將內心封閉，變成問什麼都只會回答「隨便」與「然後呢」的孩子。

然而，若從另一角度來看，我們是否也可以這麼說：

青春期的孩子之所以會變這樣，或許是因為他們如果不這麼做，就無法完成刻畫在自己靈魂裡的使命。孩子的靈魂敏感地發現，如果他們對父母屈服，就無法實現自己的本質，因此試著抗拒這樣的事情。青春期孩子的反抗態度，是他們的靈魂為了保護自己，避免自我的本質遭到扭曲而採取的必要措施。

父母是父母，孩子是孩子

我希望父母在與青春期的孩子接觸時，應該要先理解下列概念。

「父母是父母，孩子是孩子。」父母與孩子終究是不一樣的人。孩子有他「應該步上的人生道路」，而這條路與父母的期待無關。

父母對孩子的生存方式、未來發展、社團活動、交友關係等發表各種高見，指示孩子「應該這樣那樣」「應該如此生活」等，基本上都是不合理的要求。

青春期對孩子來說，是完成「建立自我」這個課題的時期。因此他們需要父母「後退一步，採取從旁邊守護自己的態度」。

上述這些事情說起來理所當然，但我們是否往往會不小心忘記？

如果父母忘記這點，將自己的自以為是強加到孩子身上，孩子就會因為不想對父母屈服，而賭氣不念書，或是故意做一些讓父母親討厭的事情。父母愈是想讓孩子聽話，孩子就愈會為了要「賭一口氣」或「不向父母屈服」，而不聽父母的話。

「孩子擁有不同於父母的獨立人格」，請再次將這點銘記在心。

當孩子透露真心話

我認為與青春期的孩子相處，還有另一個重點，那就是：「當孩子不經意地透露

『真心話』，或『打從心底』提出不同於平常的問題，父母當下的回答將會變得非常重要。」

舉例來說，當孩子難過、悲傷、不安的時候，「父母親對他說的話」，將帶給他的心靈相當大的影響。

譬如，當孩子在學校遇到某些痛苦的事情而意志消沉，故意消極地問：「媽媽……妳是不是覺得如果沒有生下我就好了？」

我想有些母親會在這種時候回答孩子：「你在說什麼奇怪的話呀，快去寫功課，快去。」而孩子在過了一個月之後，開始不去上學的也不在少數。

這其實是孩子在學校遭遇挫折，陷入「我如果不要被生下來就好了」的想法時，向母親發出的求救訊號。母親在這種時候應該將「我覺得能夠生下你真是太好了」的想法，明確地表達給孩子知道。

不久之前，我與中學三年級的女兒之間，也有過這樣的對話。

我：「妳也快從中學畢業了，時間真是過得好快。但是，人生接下來還會遇到各式各樣的事情，像是工作、戀愛結婚、養育孩子、人際關係……這所有的事情很難全部都順利呢。」

女兒：「（小小聲地說）爸爸，你是不是覺得你的人生只有養育孩子這點是失敗的……」

（這時我心想：「終於來了！」）

我：「當然不是呀。我反而覺得只有養育孩子不知道為什麼特別順利呢。爸爸自己有很多沒用又奇怪的性格，即使如此妳還是長成現在這個樣子，爸爸真的覺得很慶幸呢。不過爸爸光顧著工作，所以這也要感謝妳媽媽的努力……妳可以更有自信喔。」

女兒似乎有點害羞地輕輕點了點頭。

為什麼孩子無法按照我的期望成長？

現在讓我們回到最初的問題：「為什麼孩子無法按照我的期望成長呢？」

答案是：因為孩子「有他自己應該邁向的人生」「被賦予了他應該在自己的人生當中完成的使命與課題」。

如果孩子光顧著回應父母的期待，將無法踏上應該邁向的人生道路。青春期的孩子之所以會採取反抗的態度，是因為他如果要活出自己的人生，就必須保護自己不受父母親影響。

不過，孩子也不是因為知道這點才這樣做的。

「不知道」是青春期的孩子常掛在嘴邊的話之一。

「隨便。」

「所以呢？」

「也沒有。」

「不知道。」

或許有不少人看著自己的孩子，覺得他只會說這四句話吧？

父母在和這樣的孩子相處時，常會抱怨「我家的孩子都不願意對我說真心話」，或是「我家的孩子，不願意對我吐露任何真正的想法。」

但事實上，孩子絕對不是不願意說出真心話。

自己也「不知道」自己在想什麼——這就是孩子的真心話。

當父母問拒絕上學的孩子「為什麼不去學校」的時候，孩子經常會回答「我也不知道」。這時父母就會說：「我家的孩子，不願意告訴我他不想去上學的真正理由。」

然而事情絕非如此。孩子真心覺得「自己也不知道為什麼不想去上學」，他只是把心裡的想法原原本本說出來而已。

「自己也不知道自己在想什麼」——這樣渾沌、捉摸不定的自己，正是青春期孩子的本質。

孩子在轉變成大人的時候，會暫時經歷這種渾沌的「自己也搞不清楚的狀態」。這就是青春期。

擁有青春期孩子的父母，可說是不斷地被挑戰自己是否能夠清楚知道，青春期這個時代具有的本質。

人生的練習四

回過頭來思考為什麼孩子無法按照我的期望成長呢？

- 「我在養兒育女時經歷過最痛苦的事情是＿＿＿＿＿＿。但是，現在回過頭來看，這件事情具有＿＿＿＿＿＿這樣的意義。」
- 「我的孩子的靈魂本質，展現在＿＿＿＿＿＿的地方。孩子在他的人生當中，必須活在『自己』的本質當中。」

●「孩子之所以對我採取反抗的態度，或是封閉內心，是因為他想要守護自己＿＿＿＿＿＿＿＿的本質。」

●「上天賦予我的人生＿＿＿＿＿＿＿＿的課題。」

●「上天賦予我的人生＿＿＿＿＿＿＿＿的使命。」

●「我是為了做＿＿＿＿＿＿＿＿才誕生到這個世界上的。」

第六章

戀愛的煩惱

——為什麼我會愛上不該愛的人呢？

戀愛在人生中的比重

從事心理治療（心理諮商）這個工作，理所當然地會聽到各種人對愛情的煩惱。在這樣的過程中，我再次感受到「戀愛」在一個人的一生當中占多少比重真的是因人而異。

換句話說，有些人幾乎沒有愛情上的煩惱，但是也有一些人經常為情所困。人生當中其實存在著各式各樣的煩惱，「工作」上的煩惱、「親子關係」中的煩惱、「養兒育女」的煩惱、「婚姻」的煩惱、「疾病」的煩惱……而本書想要帶領讀者思考的是，這各式各樣的煩惱，對本人來說有什麼樣的意義，又帶來什麼樣的訊息。但是，「戀愛」這件事情在這各式各樣的煩惱中，占據了一個不同於其他煩惱的特別位置。

大部分的人，當然程度與頻率或許有所不同，但都會煩惱工作上的問題、家庭中人際關係的問題、疾病的問題等等。相較之下，對於戀愛，有些人在人生當中幾乎不曾為其煩惱過，但是相反的，也有一些人從年輕直到晚年，都經常為情所困。由此可知，戀愛是個具有極大個人差異的問題。

世人都喜歡戀愛話題。

在喝酒聚餐的時候，也一定有人熱烈地討論戀愛話題。這樣的人會自以為是地想：「這個世界上怎麼會有人對戀愛話題不感興趣呢。」

但是，我希望各位讀者一定要在下次喝酒聚餐的時候觀察看看，一旦開啟戀愛話題，十個人當中應該會有兩三個人突然低下頭來。事實上，「在喝酒聚餐的時候光顧著談論戀愛話題的人」，可能在「自己不注意的情況下遭到三成左右的同事、主管或下屬（學生的話則是朋友）疏遠，無論同性異性」，因此必須注意。

不戀愛的新生活型態

其實抱著下列這種想法的人意外地多。

我既不曾一頭栽進愛情當中，也沒有經歷過「為愛痴狂」的體驗。如果在喝酒聚餐的時候老是受到戀愛話題轟炸，情緒上就會變得「不知為何不想加入這個話題」，覺得「只有自己沒在談戀愛」，好像在人生的進度上落後一般，而陷入低落的情緒……

這點也有資料可以證明。

根據電通總研針對日本全國二十三至四十九歲的單身男女所做的「電通『單身』意識調查」（樣本數一千九百九十六人／二〇一〇年二月實施），與「電通『單身』實態調查」（樣本數一千四百四十五人／二〇一〇年九月實施）可知，回答「現在有交往中男朋友」的單身女性，只占全體的百分之三十・七，換句話說，有七成的單身女性沒有戀人。不僅如此，沒有男朋友的人約有一半，也就是百分之三十四・七的人「三年以上沒有男朋友」，再加上有百分之十五・二的人「從來未曾與異性交往」，透過這樣的結果可以發現，三年以上沒有和異性交往的單身女子超過半數才是日本的真實現況。

此外，同樣的調查也發現，對於戀愛採取消極態度，「等待對方主動接近自己」的單身女子占了七成以上，但是單身男子也有百分之六十四表示自己屬於「等待對方接近的類型」。換句話說，現在的單身男女處在「互相等待的狀態」，若以拳擊來說，就是彼此都「光顧著採取防守態勢，不敢主動出擊」的情況。不僅如此，在愛情的必要度方面，回答「談不談戀愛都無所謂」的人，人數也超過「一定必須談戀愛」的人。

分析這份調查的白河桃子小姐，針對這樣的情況發表如下評論：

每十位單身女子當中就有七位沒有男朋友，可見「沒有戀人」是日本單身者的特徵。法國的單身者有七成與伴侶住在一起，但日本不要說是同居了，有戀愛對象的男女加在一起還不到三成，甚至每五人就有一人「沒有與異性交往的經驗」。徵婚熱潮讓聯誼活動看似熱絡，但「即使認識了異性，之後也不會繼續來往」。無論男女，自認為是草食系的人都占了六成，而彼此等待對方主動接近的男女當然不可能產生任何火花。

現今的女子覺得「談戀愛很麻煩」，因而處在「愛情冷感」的狀態。如果問她們「戀愛哪裡麻煩？」她們會回答你「男人很麻煩」，她們對於與擁有玻璃心的男子構築關係，甚至必須由自己主導感到疲累。或許無論男女，都不想承擔傷害別人，或是自己受傷的風險吧！那麼，能夠交到男女朋友的人，與交不到的人有什麼差別呢？他們的差別展現在溝通能力上。現在這個時代，可說是只有積極參加聯誼、出席聚餐，同時還會學習新事物與加入嗜好社團等積極與他人溝通、擁有人際網路的人才有可能交到男女朋友。光是往返住家與公司就能戀愛結婚的時代，只到八〇年代為止。

——白河桃子：電通總研調查報告「現今單身女子的結婚觀與戀愛實態」

資料篇「愛情冷感的單身女子」

各位如何理解這樣的調查結果呢？

真要說的話，白河小姐似乎對這樣的傾向抱持著否定的看法，認為這是加速日本不婚、晚婚、少子化的原因，但我的看法略有不同。

我認為最需要注意的一點是，在愛情的必要度，「談不談戀愛都無所謂」的人，在數量上超過了「一定必須談戀愛」的人。

這不就是對一九八〇年代之後，持續近三十年的市場主導型「愛情至上主義」（愛情教）提出的無言抗議嗎？

我是這麼想的。

日本幾乎沒什麼基督教徒，卻莫名其妙地慶祝聖誕節。

連續劇、歌曲、綜藝節目，全都只有關於愛情的內容。

在這個幾乎可說是信奉「愛情教」的社會中，絕對有不少人因為情路坎坷而烙上自我否定的烙印，覺得「談不了戀愛的自己很沒用」，並且不知為何，似乎還必須抱著「連身為『人』的尊嚴都遭到否定」一般的痛苦心情活下去。

大家終於開始意識到，必須反抗這種淹沒日本的「愛情教」。

這是一件很了不起的事情。

我這麼說並不是要否定愛情的價值。

我想表達的是「成熟的社會是一種能夠認同、尊重各種生活方式的社會」，因此我們也應該把「不戀愛的生活方式」，當成一種有價值的生活方式來認同與尊重。

換句話說，談不談戀愛是個人自由。

但過去我們的社會卻沉浸在「不談戀愛就不是年輕人」「不談戀愛就不配當人」這種「愛情教」的氣氛當中。而現在，這許許多多壓抑著自己心情活下去的人，終於開始喊出自己的心聲。

我的課堂上也出現了這樣的場景。

這個場景發生在大教室，當時我們正在課堂上討論「你想不想談戀愛」的問題。

我在聚集了數百名學生的教室中試著拋出這樣的提問：「你們當中，有沒有人對異性完全不感興趣呢？」台下有數名學生舉手……而且全都是男生。

從前的學生在這種場面中，即使有這樣的想法也只會悄聲討論，很少有人會在眾人面前侃侃而談。然而這些學生卻光明正大地舉起手來。我覺得他們可能有話想說，因此把麥克風遞給其中一個人，問他「為什麼呢？」結果他回答：

「因為很麻煩。」

我試著再問得更仔細一點：

「但是，如果在各位這樣的年齡，一般也會有『需要發洩』的時候吧？」

結果那名學生說：「老師，這種時候也是自己處理更輕鬆吧，自慰輕鬆多了。自慰跟做愛也沒什麼差別不是嗎？而且做愛的話還要滿足女孩子。與其注意這些麻煩事，還不如自己來更方便。」

他已經表達得很清楚了。

而這位學生又繼續補充：

「我一直覺得社會上這種將『必須對異性感興趣』的價值觀投注在大學生身上的風潮很奇怪。應該不是這樣吧？我一直覺得，這種事情應該屬於個人自由不是嗎？」

厚生勞動省研究組在二〇一〇年九月，以日本全國兩千六百九十三名十六至四十九歲的男女為對象的調查中也發現，十六至十九歲的男性回答對性愛不感興趣或是厭惡的人占了百分之三十五・一。換句話說，十幾二十歲的男孩子中，每三人就有一人對異性不感興趣，甚至是厭惡。此外，在同樣的調查中還發現，二十至二十四歲的男性也有百分之二十・五的人回答「對性愛不感興趣，甚至應該說是厭惡」，這個數字與五年前相比多了近一倍，而女性也一樣，無論哪個年齡層的人，這項的比率也比以前高。（日本經濟新聞早報二〇一一年一月十三日第三十八版）

只要是心理諮商師，應該都經常聽到這樣的煩惱：

「我連一次戀愛也沒有談過，是不是有什麼天生的缺陷……」

這並不是什麼缺陷。

談不談戀愛是個人的自由，沒談過戀愛的人不需要抱著低人一等的感覺。

很多人即使不談什麼戀愛，依然活得理直氣壯。

所以你也可以抬頭挺胸，堂堂正正地活出「不談戀愛的人生」。

就像「不結婚的生活方式」是一種「新的生活型態」，「不戀愛的生活方式」也是。

為什麼會愛上自己知道不該愛的人呢？

如果「不戀愛的生活方式」是一種生活型態，那麼「愛得轟轟烈烈的生活方式」也是另一種生活型態。

而選擇「愛得轟轟烈烈」這種生活方式的人，可能面對的就是所謂的「外遇」。這種時候，就會浮現出「為什麼會愛上自己知道不該愛的人呢？」這個實質上的問題。

首先，我們先從一些調查的結果來看，到底有多少已婚者有過為「外遇」所苦的經驗。

厚生勞動省的「第四回男女的生活與意識相關調查」（二〇〇八年）中，有一份顯示已婚者外遇比率的數據。該省隨機抽選了三千名十六至四十九歲的男女進行調查，並以一千四百六十八名有效回答數為基準進行統計。

我們首先根據這份統計來看「過去一年內擁有兩名以上性伴侶的比率」，也就是在過去一年內，與包含妻子在內的多名女性，或是與妻子以外的多名女性發生過性關係的丈夫比率，其中未滿三十五歲的男性有百分之四・六，超過三十五歲的則有百分之十五．八。至於已婚女性方面，過去一年內與包含丈夫在內的多名男性，或是與丈夫以外的多名男性發生性關係的人，未滿三十五歲有百分之六．八，三十五歲以上則有百分之四．二。

接著再來看「與現在法定對象外（非配偶）的人成為性伴侶比率」。未滿三十五歲的男性有百分之六．五的人曾與不是妻子的人發生過性關係，三十五歲以上則有百分之十二．二。另一方面，未滿三十五歲的女性有百分之八．七的人曾與不是丈夫的人發生過性關係，三十五歲以上則有百分之十一。

從這些數據當中我們可以發現以下兩件事：一、如果只看三十五歲以上，處在所謂「外遇」「偷情」關係中人以男性較多。相反地，未滿三十五歲的族群中，處在外遇、偷情關係中的女性則多於男性。二、已婚男性即使有外遇或偷情的對象，多半還是會與妻子上床，但有較多的已婚女性只與婚外情的對象上床，不與丈夫發生性關係。

此外，三十五歲以上的男性及女性與配偶以外的人擁有性關係的比率沒有太大的差異，分別是男性百分之十二．二，女性百分之十一，這點也令人印象深刻。

實施調查的媒體或對象會大幅影響愛情相關調查的結果，尤其外遇、偷情等關係到隱私的事情更是如此。BIGLOBE網站在二〇一一年八月，以四十歲左右的「熟女」為對象實施有關愛情與婚姻的問卷調查。針對「妳曾經愛上過伴侶以外的人嗎？」這個問題，她們的回答是：

沒有愛上過……………………百分之四十九
曾經愛上並且交往過……………百分之二十八
有過單相思……………………百分之二十三

由此可知，約有半數四十歲左右的已婚女性愛上過丈夫以外的人，並且約有三分之一的女性曾實際交往過，也就是有過外遇經驗。

接著，再問不管已婚還是未婚的四十歲左右女性「妳曾經與相差十歲以上的對象交往過嗎？」她們的回答是：

沒有……………………………百分之五十一
與比自己年長的人交往過………百分之三十四
與比自己年輕的人交往過………百分之十一
兩者都有…………………………百分之四

換句話說，四十歲左右的女性約有半數經歷過相差十歲以上的「忘年之戀」。

此外，女性周刊雜誌《女性SEVEN》也針對五百名四五十歲的主婦實施調查。針對「妳有過外遇（與丈夫以外的人上床）經驗嗎？」這個問題，百分之十四．八的主婦回答「有」，另外則有百分之八十五．二的主婦回答「沒有」。而她們也表示夫妻間的對話時間長短，及夫妻間有沒有性生活與外遇無關。接著再詢問「有過外遇經驗」的人「與多少人發生過外遇呢？」回答「二至五人」的主婦最多，占了百分之六十．八，其次是「一人」，占了百分之三十六．五，至於「六至十人」則占了百分之二．七。同樣再詢問「有外遇經驗」的人「外遇最常持續多久」，長達三年以上的占了百分之四十八．六，一個月到半年的占了百分之二十．三，一至三年的占了百分之十三．五，未滿一個月的占了百分之十．八，半年至一年的則占了百分之六．八。

（《女性SEVEN》二〇一三年一月十日、一月十七日號，小學館）

我試著同時列出這幾項調查結果，發現根據「厚生勞動省」的調查，三十五歲以上的已婚女性中有過外遇經驗的占了百分之十一，在BIGLOBE的網路調查中，四十歲以上的已婚女性中有過外遇經驗的占了百分之二十八，而《女性SEVEN》周刊的調查則顯示，有過外遇經驗的四五十歲已婚女性占了百分之十四．八。身為一個研究者，對於調查結果會因為調查媒體與調查手法的不同而產生這麼大的差距相當感興趣，但本書不是研究書，所以先把這個問題擺到一邊吧。

戀愛的本質是什麼？

我在進行心理諮商時，聽過不少人描述他們「無法控制自己愛上不該愛的人……」這種痛苦悲傷的心情。

他們當中也不是沒有人表示「一想到是別人的東西，就會忍不住想要吧。」或是「得不到的東西，更會讓人燃起熱情吧。」

不過這頂多就是露水姻緣。日文當中的「偷情」寫做「浮氣」，或許就是用來指這種「輕浮」「隨便」的戀愛。

但是，因為愛上不該愛的人而痛苦煩惱到需要前來諮商的個案，絕對不會說出這種話。

「雖然說是外遇……但也只不過是偶然喜歡上了某個人，後來才發現他有老婆罷了……基本上我覺得就像一般的戀愛一樣。戀愛原本就是一股完全無法控制的強烈情緒左右了自己的意志……」

這才是他們的心情。

而這樣的心情（因為對方有家庭的關係）無法公開只能藏在心底，卻也反而變得愈來愈強烈。

沒錯。外遇也好，不是也罷，本來就都是戀愛，是一種強烈左右自己，不受自己意志掌控的痛苦、悲傷的情感。

愈來愈多人改用「婚外情」來表達已婚者陷入的「真正戀情」，而不用輕浮的「偷情」或「外遇」。換句話說，他們想說的或許是，這種戀情的本質並非「違反道德的事情」，而是絕對的「愛情」。

我曾經從活躍於《真的假的!?ＴＶ》節目中的文案作家牛窪惠口中聽到一句話：「結婚是半永久性的戀愛節食。」

這確實是一句名言。因為無論做出多少節食宣言，如果看到眼前擺出了「幾乎是人生當中未曾品嘗過的美味食物」，還是會有不少人忍不住吃下肚吧。

因為「真正戀情」而煩惱的已婚者，大部分都表示「我第一次知道世界上還有這樣的愛情」「如果知道自己人生當中會有這樣的愛情，我就不會結婚了」。

或許因為如此，採訪過許多婚外情的作家龜山早苗得出了這樣的結論：「並非所有與非配偶者的戀情都是錯誤的。」

人不會知道自己這一生當中會發生什麼事情。人生也只有一次。在人生當中雖然需要成人的冷靜判斷，但還是會想要「盡情發光發熱、燃燒到最後一刻」地活一場。

——龜山早苗，《復活外遇》

「戀愛的本質」就如同龜山所說，是「燃燒生命到最後一刻」。這代表一場真正的「戀愛」就像「工作一樣」，擁有值得自己付出生命去成就的重大意義。

我認為，戀愛的本質就是能夠在這樣的體驗中，感受到「超越這個世界的無上光芒」，並且透過「血肉之軀」來互相交換彼此的感受。換句話說，戀愛體驗的本質就是「無上美麗的光芒與現實肉體合而為一的稀有體驗」。

男女兩人彼此凝視的時候，超越這個世界的無上光芒將把兩人包圍，電流也會流竄過兩人體內。這個瞬間，「戀愛是什麼」「人生的意義與目的是什麼」等問題全都消失無蹤。「幸福」也好，「生存的意義」也好，這所有的感受都存在於「現在」這一瞬間。

戀愛就是有這種特別的力量。所以，當人們認真談戀愛的時候，就能從所有的疑問當中解放。他們不再需要問這些問題，所有的疑問都消失了。

那一切問題的答案，都存在於「真正的戀愛」當中。我是這麼想的，真正的戀情，即使只是單相思，也會為我們帶來「生存的意義與理由」。這不是歪理，而是藉由流過全身的血液教會我們的道理。

「真正的戀愛」就像這樣，能夠突然顛覆整個世界的樣貌，賦予每天發生的小事意義與喜悅。對於墜入愛河的人來說，這樣的戀情正是自己生存的意義、生存的理由。

村上春樹在《舞・舞・舞》的某個橋段當中，充分地表達了這種戀愛的感情。書中某位已婚男性墜入愛河，並且拋棄了工作與家庭。這時他是這麼說的：

我還是愛著我的妻子，真的愛著她，現在還是。但是我在第一次見到雨的時候，就無可自拔地受她吸引，就像掉進漩渦一樣。（中略）這是一生只有一次的體驗。（中略）而我是這麼想的，和這個人在一起，我大概總有一天會後悔吧，但是如果不和她在一起，我的存在本身就失去了意義。

——村上春樹，《舞・舞・舞（下卷）》

由此可知，「真正的戀愛」有時候會成為一個人「生存的意義」，然而正因為如此，一旦失去這段戀情，付出的代價也出奇地大……

許多人從失去戀情的那一瞬間，整個人生就亂了套，彷彿突然失去了人生所有的理由與意義……

「真正的戀愛」擁有強大的力量，有時候甚至會將人逼入自殺的絕境。

我在進行諮商的時候，遇過好幾位因為失去「真正的戀愛」而感到生不如死的個案，但是從來沒有遇過因為這樣而否定戀情的人。反而大部分的人都會這麼說：「我如果沒有遇見那個人，或許就只能在無法真正了解戀愛是什麼、人生是什麼的情況下，渾渾噩噩地活下去吧，一想到可能變成那樣就覺得不寒而慄。」而不少人也說：「正因為有了與那個人彼此相愛的回憶，我才能夠活下去。」

真正的戀情即使在失去之後，其回憶也會一直在內心深處支持我們，繼續帶給我們生存的理由與意義。

從文學中看男性戀愛的本質

古典愛情小說之一《瑪儂雷斯考》，是充分描寫出從男性角度看待這種戀愛本質的作品。

主角戴葛羅是一名年僅十七歲的學生，他家世良好，在學校中也被推舉為模範生，前途一片光明。然而他在一間旅館前，遇到了一名即將被送入修道院（以矯正她崇尚享樂的性格）的美麗少女瑪儂。結果發生什麼事呢？在此之前品行端正，「既不曾對異性感興趣，也不曾仔細看過女性」的戴葛羅，立刻被瑪儂所吸引。於是他數度以連自己都吃驚的大膽與口才向瑪儂傾訴衷情，而兩人也決定私奔。戴葛羅將自己完全奉獻給瑪儂，但瑪儂是沒有快樂就活不下去的女性，因此好幾次都背叛他。後來，戴葛羅一度斬斷對瑪儂的愛戀，決意回歸學問與信仰的生活，但當他再次見到瑪儂時，立刻拋棄自己的決心。戴葛羅是這麼說的：

「（中略）我為了妳連自己的幸福與名譽都可以捨棄。妳也很清楚事情會變成這樣，我在妳美麗的眼中看見了自己的宿命。但是，無論變得多麼悲慘，都不可能有任何一件事情是妳的愛無法撫慰的。就連命運的寵愛也無法動搖我的心，榮耀對我來說也只是一抹浮雲，我所有關於教會生活的計畫都只是愚蠢的妄想。換句話說，我除了與妳共度的幸福之外，其他什麼東西都不想要。因為只要妳用那雙眼睛看我一眼，這所有的東西，無論是什麼，就連一瞬間也無法進入我的內心。」

——安培．普雷沃著，《瑪儂雷斯考》

戴葛羅就像這樣捨棄了自己的所有，選擇與瑪儂一起生活。他為了得到瑪儂的愛，什麼事情都願意去做。詐欺、襲擊、掠奪……即使是從他正直的性格無法想像的事情，他也若無其事地完成。

然而，相對於戴葛羅的犧牲奉獻，瑪儂的行為就是徹底的自我中心。她為了自己的快樂，毫不在乎地不斷背叛戴葛羅。

某天兩人擬定了從某個男人之處騙取金錢的計畫。但是瑪儂卻沒有回到在外面等待的戴葛羅身邊，她潛入詐騙目標家裡，卻被那裡如女王般奢華的生活蒙蔽了雙眼，並與那個男人共度了一夜。瑪儂甚至把那個男人從前的女友送到戴葛羅身邊，告訴戴葛羅「希望她可以暫時排遣你的寂寞」。

戴葛羅雖然對這樣的行為感到憤怒，最後卻依然繼續將自己奉獻給瑪儂。而他也失去了原本一片光明的前景。

從第三者的眼光來看，戴葛羅的人生可說是「被狐狸精攪亂的墮落人生」吧。然而這裡最重要的一點是，儘管如此，戴葛羅對於自己這樣的轉變還是一點也不後悔。

這部小說以世界第一本描寫娼妓型女性的作品而聞名。而日文版譯者河盛好藏也寫出了讓人看了都要溼了眼眶的評論。

> 如果有人讀了這篇故事，而對戴葛羅的軟弱窩囊皺眉，這個人一定不知道真正的戀愛是怎麼一回事、被女孩子迷得暈頭轉向是怎麼一回事。大概只要是男人，都會像安納圖・法朗士一樣，在闔上這本書時回想瑪儂「談一生戀愛，但是只維持一星期貞節」「就連在逃離監獄的馬車當中也依然美麗」的身影，並且忍不住吶喊「噢，瑪儂！如果妳活在這個世界上，我會多麼地為妳痴狂！」

人只要不放棄生而為人，就會一直有男性前仆後繼地為瑪儂這樣的女子奉獻生命吧。

——河盛好藏：〈關於作者〉／安培・普雷沃著，《瑪儂雷斯考》

「真是沒辦法啊……」讀了這段話之後，各位讀者也會忍不住嘆息吧。

我認為這部作品，至少直接地展現了男性眼中「認真的戀愛」是什麼——這在某些時候，會成為「活在世界上全部的意義與理由」——所以，一場「真正的戀愛」即使會攪亂人生，讓人變得墮落，人們也絕對不會否定這樣的體驗。

人生的練習五

回頭想想戀愛的體驗與其意義

● 「我人生當中最轟轟烈烈的一場戀愛是＿＿＿＿。在談這場戀愛的時候，這份戀情正是我活在這個世界上全部的理由與意義。」

● 「我人生當中，關於愛情最痛苦的體驗是＿＿＿＿。然而，現在回過頭來看，這個體驗有＿＿＿＿＿＿的意義。」

●「戀愛讓我在不知不覺當中發現、學到了＿＿＿＿＿＿。」

●「我的人生因為與＿＿＿＿＿＿相遇而產生很大的改變。這是我人生的必經之路。」

第七章

金錢的煩惱

——為什麼我存不了錢呢？

經濟不安對年輕世代造成壓力

金錢的煩惱也是讓許多人感到痛苦的人生主要煩惱之一。

我認為「人生中最重要的事情，絕大部分都無法用金錢買到。」而金錢買不到的東西當中，最最重要的就是時間。如果錢可以買得到時間，我一定會毫不猶豫地購買。金錢只要努力工作就能增加，時間卻非如此。不管是誰，人生當中擁有的時間都是固定的，而且這「有限的時間」正一點一滴地流逝。

所以我認為：「人生當中最無可取代的東西就是時間。」

然而，如果我這麼說，似乎也會聽見反駁的聲音：「你是明治大學的老師，擁有一定程度的固定收入，所以才能說這種話。」

這樣的反駁當然也沒錯。

「如果沒有一定的收入，人生就會變得不安定。」這是事實。

我小時候生長在非常貧窮的家庭中（有時候月收入還不到一萬日圓），因此雖然是個孩子，但也一定程度地體驗了沒有錢的辛苦生活。（儘管如此，託開朗堅強的母親之福，雖然貧窮，還是能夠開心地度過每一天。也因為擁有這樣的體驗，所以我確信人生當中最重要的東西不是金錢。）

尤其對於多為非正式員工的年輕世代來說，金錢問題更是嚴重。

從一九九三年開始，約有十年進入了「求職冰河期」，平均每位大學畢業生只有不到一．四個職缺可供選擇。

受到求職冰河期的影響，「從學校畢業後成為某間公司的正式員工，並以終身雇用為前提組織家庭」這種原本應該是理所當然的人生軌跡，從這個世代開始錯亂了。

至於非正式雇用最大的問題，當然就是無法享受薪水隨年資累積的好處。

非正式員工在二十出頭時，其薪資水準還有正式員工的八成以上，但過了四十五歲，兩者的薪資差距就擴大到了「兩倍」。

此外，五成的非正式員工無法加入勞工保險，九成的人無法領到退休金，而為老後生活準備的存款也愈來愈少。（日本經濟新聞二〇一三年一月十三日頭版）

我原本以為自己已經很了解非正式員工的辛苦，但像這樣具體列出數字之後，更凸顯出他們悲慘的現狀。

他們在四十五歲正值事業巔峰時只能領到正式員工「一半」的薪水、無法加入勞保，九成的人連退休金也沒有……如果在這種情況下還不對將來感到不安，才不可思議。

或許就是因為對生活感到不安，才會有許多人熱衷參與徵婚活動、陷入結婚焦慮，或是因為求職不順利而得到憂鬱症。

「首先要穩定。」

「總而言之就是要穩定。」

我從不少年輕人身上感覺到這樣的傾向，這也無可厚非。

這很明顯地不是個人問題，而是社會結構的問題。這個社會為了維持年功序列制，維護老年世代領取年金的權益，只好強迫年輕世代犧牲。

而企業也沒有可以用來培育人才的多餘資金。

已經具備技術「即戰力」的人，可以優先獲得雇用的機會。

在這樣的社會背景下，對於「生活不安」的恐懼，正從人生的各個面向激起年輕世代的「焦慮」。

安倍晉三政權啟動的經濟對策（也就是所謂的安倍經濟學），似乎企圖透過通貨膨脹（商品的價格提高，金錢的價值變低）來強迫老年世代犧牲，取而代之的是將財富轉移到先前一直被迫忍受不當經濟政策的年輕世代。

我基本上贊成這樣的態度。

因為如果年輕世代沒有活力，日本就沒有未來。

即使年薪千萬日圓，存款還是零

提倡「結婚能力養成學程」的我，最近也開始關心結婚的議題。

就在這時，我偶然間看見了「結婚對象要看的是存款，而不是年薪」這樣的想法。

舉例來說，假設有一位三十五歲的男性，年薪是八百萬至一千萬日圓。從一般眼光來看，這樣的年薪無可挑剔。

然而即使他有這麼高的年薪，假如他只有三百萬日圓左右的存款，情況更糟的話甚至可能幾乎沒有存款，這樣浪費成性的男性在婚後似乎無法帶給我們穩定的生活，因此不適合當作結婚對象。相反地，有些腳踏實地的男性即使年薪只有五百至六百萬日圓左右，也能有一千萬日圓的存款，這樣的男性就可說是「適合結婚」的男性。

這確實頗有一番道理。

事實上，不少家庭即使年收入一千萬日圓左右，也因為高收入帶來的高自尊心，而將大筆金錢花在居住費、教育費、養車費、服裝、交際等上面，使得存款老是無法增加。一旦到了孩子升上大學等需要花錢的時期，生活就不得不陷入相當困苦的境地。

相反地，就算年薪只有五百萬日圓左右，只要生活簡樸，確實也能多少存下一筆錢，讓生活變得穩定。

那麼，什麼樣的心理狀態會讓人「年薪千萬卻沒有存款」呢？

這樣的人大致可以分成四種類型。

第一種是「愛慕虛榮型的人」。這樣的人因為有年薪千萬的自覺，因此自尊心很高，任何東西都只買高級品。即使必須養育三個孩子，還是想讓每個孩子都進入私立學校就讀，車子只買賓士，和後進吃飯時，不請客就渾身不自在。如果過著這樣的生活，即使擁有千萬年薪，也不可能存得了錢。

第二種是「只訂定短期計畫的人」。

這種人如果從長遠的角度來看人生，一想到「每個月累積五萬日圓的存款，這樣二十年後……」等等，就會覺得自己的人生被限制住了，變得相當不自由。他們討厭這種不自由的感覺，因此不想訂定太長期的計畫，所以也無法儲蓄。

第三種人是「強迫性購買型的人」。

這樣的人可能不久前才買了電腦，可是過了半年之後，又想要再買新一代的機種。他們如果不持續購買最新商品，就會開始覺得自己是沒有價值的人，這樣的心理讓他們如果不隨時置身於購物的刺激當中，就會覺得坐立難安。

第四種人則是「在無意識中受到自我毀滅欲望驅使的人」。

人類的「自我保護本能」，是訂定長期人生計畫、產生「○○年後要存△△萬元」這種想法的根據。

如同精神分析學的創始者佛洛伊德所言，人類有「生存本能」與「死亡本能」，而我們就活在兩者持續不斷的拉鋸當中。

我認為這是佛洛伊德高明的見解。

人類活在這個世界上，會同時懷抱著兩種欲望，一種是「考慮到未來，應該腳踏實地地累積些什麼」這種建設性的欲望，另一種則是「乾脆把一切搞得亂七八糟好了」這種毀滅性的欲望。

擁有千萬日圓年薪卻沒有任何存款的人，真要說起來應該是屬於「死亡本能」較強，也就是自我毀滅欲望較明顯的人。這樣的人習慣讓自己置身於一種站在危險邊緣的情況，他們無意識地懷著這樣的念頭，而這點也展現在金錢的使用方式上。

有些人或許聽過一句話：「江戶人不留隔夜財。」意思是「江戶人會把當天賺的錢都花光光，不留到隔天」。江戶人似乎想用這句話來展現自己視金錢如糞土的驕傲，但「總是想讓自己置身於危險邊緣的狀態」「不想停留在安全地帶中，而想將自己置於生與死的分界線上」這種毀滅性的欲望，也在這句話當中現形。

大便是金錢的象徵？

佛洛伊德的理論中，「肛門期性格」是一種經常被提到的、有關金錢的概念。（佛洛伊德思考出這個概念的時期，與他在提倡先前提到的「死亡本能」時完全不同，思考脈絡也不一樣。）

如同大家所知，佛洛伊德企圖以「原欲」這種性方面的驅力，來說明人類所有的欲望。他認為，人類的嬰幼兒會隨著人格的發展，而將原欲轉移到各個相應的部位。其發展階段分別是：一、原欲在口腔及嘴唇的「口腔期」（零歲至一歲半左右）；二、原欲發展至肛門的「肛門期」（一歲半至三四歲左右）；三、原欲發展至陰莖，也就是性器的「性器期或性蕾期」（三四歲至六歲左右）；四、原欲暫時收斂的「潛伏期」（六歲至十二歲左右）；五、長大成人之後，原欲就會轉移到性徵，進入「性徵期」（十二歲以上）。

「肛門期」在這些發展階段當中，是能夠顯示出金錢相關性的時期。佛洛伊德認為，父母為了讓肛門期（一歲半至三四歲左右）的孩子學會自己控制排泄，而對他們進行如廁訓練。孩子於是學會在想要大便的時候忍耐，當他們能夠順利排泄時，就能獲得父母的稱讚：「你好棒，會自己去上廁所。」這時孩子在內心就會發現大便的象徵價值。大便成為金錢的隱喻，孩子之所以會在大便時向大人展示、炫耀，就是這個緣故。

但是，當孩子因為無法順利完成如廁訓練而受到父母嚴厲斥責時，就會產生問題。佛洛伊德認為在這種情況下，原欲會停留在肛門，發展成「肛門性格」。孩子會覺得還不能排出成為金錢隱喻的大便，並且將其累積在自己的身體裡。這麼一來，未來就會培養出將金錢、愛情等有價值的東西累積在自身當中的傾向，變得相當節儉，成為小氣鬼，並且發展成頑固、一絲不苟、不知變通的性格。

「大便是金錢或愛情等有價值事物的隱喻」，這是常見的想法，而我也覺得大便確實有這樣的一面。

孩子接受以如廁訓練為首的嚴格教養，並且因為害怕遭到父母責罵而不敢排出大便（金錢），只好將其累積在身體裡。

結果可以想見，這樣的孩子即使長大成人，也會對使用金錢消費的行為抱持著罪惡感，培養出難以花錢購物的性格。

佛洛伊德的理論具有什麼樣的意義？以實證主義的驗證為首，在心理學當中出現了各式各樣的討論，但這種深入的探討並不是本書的目的。

日本人以去世時擁有最多存款聞名。

無論在何種情況下似乎都要享受人生的義大利人，去世時的存款幾乎是零；而據說美國人存款最多的年紀則是四十八歲。

這或許代表，日本人擁有經常出現「肛門性格」的民族性。

日本人就像因為害怕父母責罵而將大便累積在自己身體裡的孩子，覺得「雖然不知道為什麼，不過花錢似乎是件壞事」，但如果最後在無法以金錢來充實人生的狀態下死去，那會是多麼悲哀的事情。

三十來歲就有一千萬日圓以上存款的人風險較高？

這麼一想可以發現，對日本人來說，與「存不了錢」相比，「光顧著存錢而變得不會花錢」，更可以說是具有高風險。

「為了老後的生活」而每天忙碌工作，並且省吃儉用把錢存下來的人，等到老了之後，真的能夠改變心態開始過著豐富愉快的生活嗎？這樣的人很少吧。

等到真的老了，又會開始擔心生病、存款減少、無法好好工作而變成米蟲的孩子、遺產問題等等，新的煩惱接二連三地出現，不安的根源只會不斷地增加……

這麼一來，金錢完全就像是「為了擔心什麼而存在的東西」一樣。

我在某個電視節目上看到電視台訪問一位八十歲的民眾：「你如果中了樂透，要如何使用這筆獎金呢？」民眾回答：「我要為了老後的生活存起來。」

應該有不少人無法把這當成別人的事情取笑吧？

極端一點地說，一個人的存款愈多，他「人生的風險」也會愈高。這樣的人極有可能「為了金錢」而浪費了「人生重要的時間」。

舉例來說，一個三十來歲、收入極為普通的人，如果存款超過一千萬日圓，就有可能已經稍微踏進了危險地帶。

我如果是女性，完全不會想要選擇這樣的人作為結婚對象。因為「經濟安定」的代價，就是得到「與無趣的伴侶度過的無聊日子」。「不自量力的浪費癖」會導致自我毀滅，但「神經質的儲蓄癖」也會讓人生變得空虛。

為什麼存太多錢是不好的事呢？因為這代表他放棄享受人生。對金錢小氣的人，往往只能以小氣的方式運用時間、度過小氣的人生。存款金額相對於收入或年齡來說過高的人，極有可能犧牲了人生的某個部分作為代價。

作家角田光代，也在她的文章中寫出下列這段話：

> 我覺得三十多歲時使用的金錢，在未來一定會擁有某種意義。這個意義在當下還不會發現，要到了四十歲也過了一半的時候，才會突然領悟到「原來如此」！這種時候，我覺得最恐怖的事情是，沒把錢花在任何東西上面，只有存款異常地高。我曾經遇過一次這種人，這個不到四十歲的人，彷彿像是自我介紹一般，若無其事（甚至帶點得意）地說出自己存款的金額。他不看電影、不喝酒、不外食也不旅行，我馬上知道他的存款代表了什麼意義，因為

這個人沒有任何內涵。（中略）他雖然累積了存款數字，卻沒累積到任何內涵方面的東西。

我看這個人的樣子就知道了，「人生是否富足」絕對不是看你擁有多少錢。就這層意義來看，在貧瘠的狀況下逐漸老去，是我非常害怕的事情。

——角田光代，《幸福的價格》

二十多歲時使用金錢的方式，決定了三十多歲時的生活方式；而三十多歲時使用金錢的方式，也決定了四十多歲時的生活方式。這麼一想應該就可以知道，無論如何都以存錢為優先的人，其實是「浪費」了「時間」這個再也拿不回來的「比什麼都寶貴的財產」。

不幸的有錢人

關於金錢有一項普遍的實情，那就是「錢不多也不少最好」。

每個人都討厭貧窮。但是，有錢人就一定幸福嗎？這也不一定。

「不幸的有錢人」很多。

某位資產家擁有數間公寓和大樓，而且住在豪宅裡面。既然他擁有這麼多錢，應該就不用擔心任何事情了吧？令人意外地，實情並非如此。他必須擔心的事情源源不絕，譬如房客的問題、建築物的保養、節稅對策等等。

而且，留給孩子的財產該如何分配，也成為他煩惱的根源。遺產與繼承人的問題讓他頭痛不已，完全無法放鬆下來。

關於金錢的問題，無論在什麼時代都不會消失。父母為了孩子辛勤工作、存錢，結果留下的卻是孩子之間為了財產發生的爭執，這樣的模式意外地多。

如果人生大半的時間都必須花在管理金錢上，那我就不要擁有那麼多錢。就算捨棄金錢，我也想把時間花在更重要的事情上。

明早醒來存款突然歸零也不後悔的生活方式

人生無法預測。

請你想像一下，如果一直以來都「為了老後的生活而不斷地儲蓄、儲蓄」，滿腦子只想著存錢，而一味持續忍耐的你，明天因為遭遇意外或什麼的突然死亡……

「我一直以來拚命存錢，一直忍著不去做自己想做的事情到底是為了什麼！早知道會變成這樣，我就把錢全部花掉，去做自己想做的事情了！」

如果你覺得自己或許會想這樣吶喊，這就是你的生活方式本末倒置的證據。請注意自己已經「被名為金錢的亡靈附身，受其操控」。讓我們驅逐這個附在自己身上的惡靈吧！

自己從以前到現在一點一滴存下來的錢，在一瞬間變得幾乎毫無價值，這樣的情況並不只限於突然死去。

最近，愈來愈多人指出安倍經濟學失敗時可能引發的危機之一，就是日本國債的利息急速上升，造成國債價格暴跌，使日本經濟可能出現破產的危險性。像我這樣的人就會覺得，由於不希望人生被金錢耍得團團轉，所以股價什麼的不上漲也無所謂，只希望政府可以停止這種危險的行為……

如果安倍經濟學批評論者的警告化為現實，那麼日本的經濟就會陷入惡性通貨膨脹的狀態，實際上也確實有可能發生現在手上握有的金錢，在某天突然只剩下十分之一價值的狀況。各位讀者或許會覺得怎麼可能會有這樣離譜的事情，但獲得諾貝爾經濟學獎的經濟學者保羅・克魯曼也提出「調整通膨論」，指出現在有充分的條件讓這樣的事情在現實生活中發生。

如果真的發生了這樣的事情，這將會是一碗拉麵七千日圓的世界。假使現在手上有十萬日圓，那也只夠吃十四碗拉麵。換句話說，至今為止存下來的錢，其實際價值將在一瞬間近乎歸零。如果發生惡性通貨膨脹的情形，為了將來而一味忍耐存下來的錢，就會一筆勾銷。

我認為，未來三十年左右十分有可能發生這樣的事情：日本的經濟因為再度發生的關東大地震而崩潰，最後終至破產（話雖這麼說，我在經濟上完全是個外行人，所以這只是我莫名的預感而已）。

請想像這樣的事情突然在明天發生。如果你覺得「唉，早知道會發生這樣的事情，之前應該更加享受人生。」那麼你果然是被「名為金錢的亡靈」附身，因而迷失了人生的方向。

請你再一次回想。

即使失去了金錢，還是能夠再賺回來。

但是你人生的時間，尤其是與重要的人共度的時間，就算日後再怎麼後悔「當初應該更珍惜與他在一起的日子」，也不會再回來了。

自己是否被「名為金錢的亡靈」附身，而迷失了人生最重要的事情呢？

想知道這點，可以做一個測試自己的「思考實驗」，那就是自問：「如果明天突然發生惡性通貨膨脹，從以前到現在存下來的錢，只剩十分之一的價值……我還是不後悔自己一直以來的生活方式嗎？」——我也建議各位在人生當中，可以隨時問自己這個問題。

人生的練習六

回頭看看自己人生當中關於金錢的事情

- 「如果明天突然發生通貨膨脹，自己的存款價值只剩下十分之一，我應該會覺得＿＿＿＿＿＿。如果想要過著萬一發生這種事情，也不會後悔的人生，我現在可以做的事情是＿＿＿＿＿＿。」
- 「我因為金錢的關係，在人生當中經歷過最痛苦的事情是＿＿＿＿＿＿。但是，現在回過頭來看，這件事情具有＿＿＿＿＿＿的意義。這個經驗教會我＿＿＿＿＿＿

這件重要的事。而這也是這個經驗發出的訊息。」

●「金錢對我的人生來說，具有＿＿＿＿的意義。」

●「上天賦予我的人生＿＿＿＿的使命。金錢在我完成自己的人生使命時，具有＿＿＿＿的功能。」

第八章

疾病的煩惱

——為什麼我必須為這個症狀煩惱呢？

日本是病痛大國？

身體上的病痛，是人生最大的苦惱之一吧？

除了癌症或胃潰瘍等重大疾病之外，也有不少人因為肩頸僵硬或偏頭痛等身體上的慢性症狀煩惱。

二三十歲時，或許還有這樣的人：「慢性症狀？我一種也沒有喔。」但是過了四五十歲之後，絕大部分的人幾乎都會有一兩種每天困擾自己的「慢性症狀」。

代表性的慢性症狀包括頭痛、腰痛、肩頸僵硬等，除此之外還有胃痛、更年期障礙、過敏、異位性皮膚炎、氣喘、花粉症、突發性重聽、顏面神經麻痺、暈眩、手腳麻痺、關節痛、失眠、腸躁症、慢性疼痛……等許許多多的問題。

我們當中有許多人為某種慢性症狀所苦，必須每天忍受折磨，生活品質也因為慢性症狀而變得相當低落。

「如果這個症狀從我的人生當中消失得一乾二淨，那麼我會活得多輕鬆啊。」應該有不少人懷著這樣的想法，掙扎著撐過每一天吧。

接著讓我們來看看目前的狀況。

二〇一二年八月，MedicalLife 研究所針對日本全國二十至六十九歲的男女進行網路調查（回收有效問卷數為兩萬兩千零四十六人）。問卷中請接受調查者回答「是否有長期（半年以上）身體不適的問題」「長期不適當中，特別在意的症狀為何」「關於造成特別在意的症狀的具體病名或疾病種類等，是否已經心裡有數」等幾個問題。

調查結果就如同「日本是病痛大國？」這個標題所示，就現狀而言，因為長期身體不適而煩惱的人比預期還多。

藉由這份問卷，我們首先了解到所有年齡層的人當中，百分之七十四・五的人有半年以上「長期身體不適的症狀」。在此根據症狀來區分身體不適的內容，並且依照罹患人數排序，其結果如下：

第一名為腰痛，第二名為頭痛，第三名為皮膚騷癢，第四名為便祕，第五名為關節痛，第六名為疹子與痘痘，第七名為嚴重的倦怠感及疲勞感、第八名為眼睛癢及視野變窄，第九名為失眠，第十名為腹瀉。

接著再來看各個年齡層身體不適的比率。三十至三十九歲超過七成，四十至四十九歲為百分之七十六・五，五十至五十九歲身體不適的人最多，比率高達百分之七十八・三。在症狀方面，四十至六十九歲最常見的是「腰痛」，二十至三十九歲最常見的則是「頭痛」。而這些感到不適的人當中，只有百分之三十三．九的人前往醫院就診，找出不適的原因，至於「雖然大致可以猜到造成身體不適的原因或疾病，但是沒有前往醫院接受醫師診斷」的人則占了百分之二十六，而「不清楚造成身體不適的原因或疾病」的人更是占了百分之四十。換句話說，這份問卷揭露的實情是，每三個人中就有兩個人並未透過醫師或專家的診斷掌握身體不適的原因，而對其採取放任不管的態度。

此外，在不僅止於身體不適的「慢性疾病」方面，二十至六十九歲男女對於慢性疾病的罹患認知率（本人知道自己罹患某種慢性疾病的比率）也占了全體的百分之四十六，大約每兩人就有一人知道自己罹患慢性疾病。

關於這裡提出的「身體不適」第一名「腰痛」問題，朝日新聞曾在早報（二〇一三年三月二十四日頭版）中報導厚勞省研究組（主任研究員吉村典子，東京大學醫學院附設醫院特聘副教授）對東京、新潟、廣島等日本全國八個地區，約一萬兩千名居民的資料進行分析所得到的調查結果，並且成為熱門話題。這份調查顯示，推測日本全國約有兩千八百萬人，在接受醫師問診時表示「有腰痛問題」「一個月內痛一天以上」，其中有八成原因不明。從年齡層別來看，六十至六十九歲的人數最多，占了四成，而四五十歲的人也占了四成左右，男女比例約為四比六。

至於治療方法及原因，日本骨科學會等相關學會表示：「若腰痛原因不明，運動的效果比靜養更好。若腰痛持續一個月以上，按摩不會有明顯療效。此外，壓力等心理因素也會引發腰痛。」

而厚勞省研究組也提出了方針：「論文當中有充分證據顯示，若是處在憂鬱狀態，或是有工作上的不滿、人際關係的煩惱等問題，就容易罹患腰痛，而且難以治癒。」並且指出「服用抗焦慮藥、抗憂鬱藥也是慢性腰痛的有效療法」。此外，該組也在報告中表示：「若止痛藥效果不彰，且懷疑腰痛受到心理因素影響，可由骨科醫師開立處方。」

很多人都知道心理的問題會表現在身體上，但這份調查更以客觀的證據顯示，讓現代日本人深受其苦的最大不適症狀之一的「腰痛」，受到心理層面的影響相當大。

病痛對我來說有什麼意義呢？

不過，我不是醫師，而是心理治療師（心理諮商師），因此在面對個案身體上的症狀與不適時，我會與他一起探索這個身體問題帶來的「心理體驗」與「心理意義」。以腰痛為例，治療「腰痛」這個身體不適的症狀本身是醫師的工作。我的工作則是幫助個案進行心理上的探索，帶領他思考「我自己、我的人生在現在這個時點，必須經歷這種腰部的劇烈疼痛有什麼樣的意義」。當這個對於「疼痛意義」的心理探索過程進行到愈來愈深入的時候，也常常會出現疼痛本身隨之舒緩、減輕的現象。

各種心理療法中，由心理治療師兼物理學家閔戴爾（Arnold Mindell）所開創的「過程練習」（Process Work），是最能夠徹底探索「身體上的不適」與「慢性疼痛」「身體症狀」等疼痛體驗，對個案本身所具有之意義的方法。

夢身體

閔戴爾在開創過程練習較早期的階段中提出的「夢身體」（dreambody）的概念，直接表現出他對身體症狀的想法。

閔戴爾原本以榮格派心理分析師的身分進行關於「夢」的心理治療，而當他累積不少臨床體驗之後，發現一件耐人尋味的事實。

他發現，如果個案罹患某種身體上的疾病，那麼他所罹患的慢性症狀或疾病，一定會透過他晚上睡覺所做的夢發出訊息。

換句話說，「夢」就是「反映出身體症狀或疾病的鏡子」。這個現象也可以反過來看。晚上睡覺所做的夢，也會透過個案罹患的身體疾病或症狀發出訊息。因此「身體的疾病或不適症狀也是反映夢境的鏡子」。

由此可知，榮格心理學所說的共時性（有意義的偶然一致）關係，在「晚上所做的夢」和「身體疾病與症狀」之間也成立。

心理治療師認為，個案晚上所做的「夢」，是通往他深層心理最主要的途徑之一，也是與個案接觸時的最佳「窗口」之一。心理治療師會一邊聽個案描述他所看見的「夢境」，一邊探索這個「夢境」對個案的意義。因為「夢境」經常會發出個案在凝視自己的人生時所看見的最重要的訊息。

那麼，如果「身體疾病與不適症狀」也和「夢境」一樣，帶來對這個人的人生非常重要的智慧與訊息呢？心理治療師也應該仔細傾聽個案對這方面的描述」，並將其視為是與「夢境」同樣具有深層意義的現象。

閔戴爾就是這樣做的。

於是，在進行心理治療時，就像個案會身歷其境地重新體驗自己所做的「夢」，並且透過加深對於夢境的主觀體驗來一併探索其「意義」一樣，個案也會身歷其境地重新體驗折磨自己的「身體疾病與不適症狀」，並且透過加深其主觀體驗來一併探索其「意義」。心理治療師會幫助個案探索「這個症狀、這個身體的疼痛對我來說有什麼意義」。

這是因為如果讓個案更深入地體驗他所描述的身體不適內容，經常會發展出具有重大意義的領悟。

強烈的皮膚騷癢所發出的訊息

我們從閔戴爾的個案中，舉一個例子吧。

有一名個性沉穩安靜的女性，她長期以來都有皮膚病的煩惱，深為伴隨著強烈騷癢感的溼疹所苦。

這名女性的夢境中出現過好幾次「老虎」。

舉例來說，她的夢境中經常會出現老虎把麵包店中所有麵包吃光的場景。

敏感的人或許已經發現，她所夢見的「在夢境中搗亂的老虎」，以「強烈的騷癢感」反映在她的身體上。

無論是夢境還是身體症狀，都傳達了相同的訊息：「更放肆地抓吧！像老虎一樣，把周圍抓得亂七八糟吧！」

這位女性個案一直抱著這樣的觀念：「女性必須有教養。」她將這樣的觀念內化成自己安靜優雅的個性，讓自己舉手投足都像個淑女。而存在於她心中「如同老虎一般，想把周圍抓得亂七八糟的念頭」，恐怕沒有充分的生存空間吧。因此這個念頭就以夢境中的老虎，或是強烈皮膚騷癢的方式呈現，對她發送訊息。

閔戴爾表示，這種夢境與身體的共時關係在各種場合中都能成立。他於是幫助個案更加深入地體驗「夢境」與「症狀」，並且從中探索其意義。

這時很重要的一點是，閔戴爾並沒有站在身心相關論的立場，認為「心理不適的原因反映在身體上」。

舉例來說，我們或許可以從「心理影響生理」的角度，來看這個為皮膚騷癢所苦的案例，解釋為「這名女性原本帶有的攻擊性，沒能獲得充分的生存空間，因此就以皮膚騷癢的症狀展現出來」，並且也接著思考，這名女性個案該如何在自己內在整合本身擁有的「攻擊性」與「雄性生物性」。我認為傳統的身心醫學強烈傾向於從因果關係做出解釋，先將心理扭曲當成原因，而身體症狀（騷癢）就是其產生的結果。

然而，這樣的想法過於心理主義。（我們心理治療師或諮商師在遇到任何事情時，都會傾向於先思考「原因似乎出在心理」「首先應該考量心理因素」。但我認為，我們心理師必須自己克制這樣的傾向。）

此外，我也經常看到身體上的不適容易影響夜晚夢境內容的研究結果。然而儘管如此，若從「身體影響心理」這種單一方向來看待因果關係，又太過一廂情願了。

思考夢境與身體症狀孰先孰後，哪個是原因，哪個是結果沒有太大的意義。就現象來看，「皮膚的騷癢」只不過是與「夢中的老虎」幾乎同時出現罷了。

過程練習依循現象學的途徑，原原本本地接受這樣的現象，不勉強做出「哪個現象引起哪個現象」這種因果關係的解釋。原本存在於我們內在的，既非心理現象也非生理現象，只有分化之前的「X」這個源頭而已，是這個「X」源源不絕地帶來我們需要的東西、必須發現的東西。我們可以這麼想：在這個案例中，「X」所反映出的現象，剛好就是「夢中的老虎」或「皮膚的騷癢」罷了。過程練習認為身體與心理獨立存在，身體受到心理影響這種「身心相關二元論」並不成立，其所採取的概念是

「過程一元論」，也就是原本就存在的源頭「X」所反映出的現象既是「夢中的老虎」，也是「皮膚的騷癢」。

因此，「X」主動反映出的具體現象也不僅局限於夢境與身體症狀。事實上，「X」會以各種不同的形式反映出來。

舉例來說，這名女性個案觀賞的電視節目中，或許會不知為何接二連三地出現老虎與貓，並且播放出牠們在撓抓些什麼的場景。又或者是當她因為某件事與老公吵架時，會不由自主地伸手抓老公的臉。「X」就像這樣，在我們發現自己必須注意的事情之前，會不斷地透過不同的手段、不同的媒介，以各種方式向我們傳遞相同的訊息，直到我們懂得運用這些訊息為止。

由此可知，閔戴爾的「身心論」是「過程一元論」，與身心醫學中「心理的扭曲也會展現在身體上」這種「身心相關論」的想法完全不同。

舒緩壓力會妨礙我們活得像自己

當我們思考「身體症狀或疼痛所擁有的意義」時，有一個重要的觀念，那就是為了消除、舒緩症狀而放鬆身心、減輕壓力，不一定是好事。

最近可以看到認知行為療法逐漸普及。前面提到的腰痛調查報告中，也將「修正思考偏差、改變行動方式的認知行為療法」列為「腰痛超過一個月以上」時「強力推薦的方法」之一。採用這種方式的人如果真的是有能力的認知行為治療師就還好，但問題是，也有一些治療師是只靠著一點小聰明就模仿這樣的手法進行治療（無論哪種療法，都存在這類「小聰明治療師」）。

舉例來說，認知行為療法會訂出這樣的治療策略：「這位個案的思考方式沒有彈性，相當頑固，因此要將他的思考方式變得更柔軟。」或是在覺得個案過於緊張或不安的情況下，教個案採取自律訓練法這種放鬆身心的方法。

但這個方法可能產生的問題是，這些治療方式都將「放鬆下來，學習讓思考方式有彈性，是一件好事」這種特定的價值觀當成前提，治療師往往會在無意中將這個特定的價值觀強加於個案身上，而有些個案在勉強接受這樣的價值觀之後，為了消除或舒緩症狀，失去了「活得像自己的生活方式」，這在某些情況下甚至有可能帶來更深刻、複雜的症狀。

舉例來說，假設我為了寫出自己心目中的畢生傑作（當然這本書也是！）而繃緊神經度過緊張的每一天，並且為此減少睡眠時間，把自己逼得很緊。結果我開始失眠、腰痛、胃潰瘍。

我因此前往求診，卻得到這樣的建議：「你應該用更不勉強自己的步調寫作，並且採取自律訓練法幫助自己以放鬆心情度過每一天，另外，也不要再想著要寫出『最佳傑作』了，你應該讓自己頑固的頭腦變得更柔軟。」

我應該再也不會去看那位醫生了吧。

因為對我來說，寫作就是刻畫自己靈魂的行動。

如果治癒失眠、腰痛、胃潰瘍的代價是只能寫出鬆散的文章，那麼即使失眠、腰痛、胃潰瘍惡化，我也要繼續書寫能夠打從心底覺得「能表現出我的靈魂」「我的靈魂就刻畫在這部作品中」的文章，這對我來說意義更重大。

因為「與其當一個沒有靈魂的健康人，我寧願選擇當一個持續將靈魂刻畫在作品上的半病人！」

心理治療原本是「靈魂」的「治療」，是幫助一個人在他的人生中找回自己靈魂的行為。比起消除、舒緩症狀，更應該優先提供讓這個人能夠真正活得像自己的幫助。這個優先順序不能搞錯了。

「要選擇當一個有健康問題的靈魂創作人？還是沒有靈魂的健康人？」一直以來，這對於以作家與畫家為首的許多創作人來說，應該都是重要的選擇題。（對於與寫作沾上邊的我來說也一樣。）

那麼，閔戴爾的過程練習又會怎麼做呢？

閔戴爾的過程練習貫徹現象學的態度，尊重個案本人在自己內心深處主動選擇的適合自己的生存方式。

接著我們來看閔戴爾個案中的幾個例子。

某位男性管理員因為有心臟病以及伴隨而來的胸痛，前來接受閔戴爾的心理治療。這位男性表示，他反覆夢到「酒醉侵入身體當中」的夢境。

閔戴爾問他：「酒醉侵入你身體當中的哪個部分呢？」管理員回答：「手臂的部分。」他接著說：「最近只要一工作，就會覺得十分疲倦，手臂中的能量好像全部消失。」他還說：「當我一想到必須要回去工作，胸口就會再度痛起來。」

他是一個非常認真的人。但是他心裡也存在著「怠惰的部分」（也就是「夢中出現的如同酒醉一般的部分」），當他想要趕走這個部分時，心臟就會開始疼痛。

閔戴爾對他說：「你讓酒醉通過房間吧。」他的心臟病以及酒醉侵入的夢境，傳達的訊息正是要一味追求認真的他更放鬆，給自己心中「怠惰的部分」（如同酒醉一般的部分）更大的生存空間。

接下來的案例，則是與管理員的問題完全相反。

某個沒去上學的男孩子（小學生）與他的母親，一起前來閔戴爾之處接受諮商。這個小學男孩因為腦瘤帶來的頭痛而煩惱。

他的母親是一個非常明理的人，總是以溫柔包容的態度對待孩子，她說：「孩子不勉強去上學也無所謂，不讀書也沒關係。」

母親很注重飲食健康，並且在充滿大自然的環境中養育這個孩子。她也很小心地不讓孩子接觸過多有害身體的刺激物，譬如咖啡之類的食物。

閔戴爾問這個男孩子：「是什麼樣的頭痛呢？」男孩子邊握拳捶自己的頭邊回答：「像這樣。」

接著，閔戴爾要求他：「你能不能把這個抱枕當成自己的腦袋，更仔細一點說明是什麼樣的頭痛呢？」結果男孩子握拳為槌，開始「砰！砰！砰！」地用力捶打抱枕。男孩子捶著捶著，動作變得愈來愈激烈，到了某個時點他突然大吼：「我要變得更強！沒錯，我要變得更強更強更強！」

閔戴爾問他：「變強是什麼意思呢？」男孩子說：「我要去上學！然後沒日沒夜地念書！」

在此之前，男孩子的醫生與母親都反覆告誡他，絕對不要勉強自己去學校。但是當男孩子開始說出他內心的渴望時，卻與這樣的告誡完全相反。他一邊反覆先前的動作，一邊說：

「我要去學校，然後拚了命念書！我要大口大口地灌咖啡，一天只睡五小時，然後拚了命地念書！」

閔戴爾這樣對男孩子說：

「那麼，你就試著這樣做吧。你就試著認真念書，喝大量的咖啡，幾乎不怎麼睡覺，念書念到撐不下去為止吧。」

男孩子隔天就真的照他的想法付諸實行。後來他不僅開始上學，拚了命地念書，過了兩個月左右，頭痛也消失了。

我們平常都會覺得放鬆身心、睡眠充足、不要讓自己覺得有壓力非常重要。但這個男孩子的情況是，因為母親對他太溫柔，反而讓他主動壓抑心中「堅強的部分」。

日本的孩子也有不少這樣的案例吧。

我們不能一味覺得「放鬆是比較好的生活方式」。「該怎麼生活」是必須在自己內心深處做出的自我選擇。

我想各位只要對照這兩個完全相反的案例就能知道，男性管理員與不上學的男孩子分別需要「活得更輕鬆」，以及「更努力活下去」，這些都是存在於內心的「X」帶來的訊息。人生當中，當然有不能放鬆，必須繃緊神經，努力面對的事情；也有不能隨便放手，必須執著的時候。

以下這段閔戴爾的話，是我最喜歡的一段話之一。

你必須確實完成平常在做的事情，才能學習放棄執著。只要你想，一直與人生戰鬥下去也不錯。請你控制自己的人生，改變河的流向，盡可能地活得自我中心、有野心且頑固吧！與命運搏鬥吧！無論什麼事情都緊咬不放，直到自己滿意為止。至少要堅持到命運因為覺得受夠了而從你身邊逃離，這是過程導向式的教誨。請你接受人生各個階段展現出的原本樣貌，並且克服困難活下去。這麼一來，你就能在自己不知道的時候，不知不覺抵達終點。

——阿諾德與艾美．閔戴爾著，《向後騎馬》

傾聽病症想告訴我們的訊息

不只癌症或胃潰瘍之類的重大疾病，就連腰痛、肩頸僵硬、偏頭痛等慢性身體症狀，也是與人際關係問題相提並論的、人生最大的「煩惱來源」。一般人會認為，疾病或身體症狀是「人生的妨礙者」，我們會希望將其從自己的人生中驅離。

但是，以過程練習為首的心理療法，卻能夠從疾病或身體症狀中找出「意義」。疾病或身體症狀，能夠為我們帶來某些重要的人生訊息，因此我們必須敬重它。我是這麼想的：我們要站在「疾病的角度」「身體症狀的角度」，側耳傾聽它們「有什麼話要說」，並且聽從「疾病或身體症狀所說的話」。

過程練習認為，疾病或身體症狀，能夠幫助我們發現沒罹患這個疾病就不會發現的「重要訊息」，是「來自人生的禮物」。

因此，如果只把疾病或身體症狀當成應該驅離的「敵人」，那麼就像是把好不容易得到的「來自人生的禮物（獲得重要領悟的機會）」丟進垃圾桶一樣，是一種「愚蠢的態度」。

疾病或身體症狀，其實是「我們自己的一部分」，也就是「自己本身的鏡像」。因此，過程練習會要求我們站在疾病或身體症狀的立場，從那裡得到訊息。

過程練習採取的是與疾病或身體症狀站在同一邊，「試著成為症狀創造者」這種獨特的手法。這種手法不僅止於思考「疾病或身體症狀的意義」，而是必須透過「站在疾病或身體症狀的立場，試著讓自己成為症狀的創造者」這種「改變觀點」「改變立場」的方式，才能發現其意義，領悟帶給我們的訊息。

人生的練習七

傾聽病症想說的話

- 「現在，讓我煩惱的身體症狀之一是＿＿＿＿＿＿。」
- 請你想像眼前有一具「健康的身體」。如果你要在這具「健康的身體」上，創造出你現在想到的症狀，你會怎麼做呢？請你懷著要讓這具身體嘗到現在折磨你的痛苦、疼痛、不適的決心，試著創造出這個症狀。該怎麼做，才能創造出這個症狀呢？請你實際活動身體，試著做出創造症狀的動作，讓自己「變成症狀的創造者」。請你緩緩地、仔細地、不斷地反覆該動作，充分體驗、品味這個症狀的心情，這個「症狀的世界」。

●當你不斷反覆該動作後，開始出現什麼想說的話了嗎？如果你有話想說，請試著小聲說出來：「＿＿＿＿＿＿。」

●請你試著想像現在的自己就在眼前。這個「症狀的世界」想對現在的自己說什麼呢？想對現在的自己傳達什麼樣的訊息呢？「＿＿＿＿＿＿。」

●請你思考，現在「症狀帶來的訊息」，在未來的生活當中，能夠發揮什麼作用。「＿＿＿＿＿＿。」

●「透過這個練習可以知道，現在困擾我的＿＿＿＿＿＿症狀，具有＿＿＿＿＿＿的意義。」

●「我在這一生當中，應該成就、應該完成的事情是＿＿＿＿＿＿。」

第九章

死亡的煩惱

——為什麼死很可怕呢？

我想死，但又害怕死

我們為什麼會害怕死亡呢？

或許也有人覺得「死並不可怕」。

反倒可以說，也有不少人懷著「對死亡的渴望」。

還有人會這麼說：

「我不想活太久。如果明天突然死亡，我反而會歡欣地迎接死亡到來。」

然而，「對死亡的渴望」與「對死亡的恐懼」同時存在。

我自己也有過這樣的時期，也就是「對死亡的渴望」與「對死亡的恐懼」同時存在的時期。

我曾有過這樣的經驗。從中學三年級到大學三年級為止，約有長達七年的時間持續深受「哲學精神病」所苦。我在中學三年級的某個春日早晨，腦中突然浮現出「『真正的生存方式』『真實的生存方式』存在於何處」的疑問，並且深陷其中。這樣的訊息困住了我：「你無論如何都必須用這雙手取得真實的生活方式、真正的生活方式。即使付出生命，也必須將其找出來。而後，你必須喚醒這個被自我籠罩的世界中的人們，帶領他們邁向真實的生活方式。」

當時我只有十四歲，人生卻被這樣的訊息完全顛覆。我為了完成這個使命，必須將自己剩餘的人生完全奉獻出來。

「真實的生存方式」「真正的生存方式」是什麼呢？「人生真正的意義與目的是什麼呢？」我就像是拚了命一般，持續尋找「答案」。一開始，我也覺得這個問題很無聊，想要置之不理，但我愈是想擺脫它，它愈是在我腦中揮之不去。最後我發現「已經回不去原本單純的想法了」，於是我日復一日，從不間斷地持續問自己這個問題。

我在找到答案之前，完全無法正常生活。我為了回答這個問題，不得不停下人生的時間。這樣的想法讓我每天從早到晚持續不間斷地自問，而這個問題在日後，約有長達七年的時間，完全控制了我的生活。這個問題隨時隨地都無情地侵入我的生活，在我吃飯的時候、與朋友或情人聊得正起勁的時候、正在考試的時候……考試時一旦陷入這個問題，我就不得不立刻將解答紙翻過來，專心地在背面寫下我當時的思考成果。

這讓我完全沒有活著的感覺。

世界的時間明明在轉動，卻只有我一個人被留在原地，只有自己的時間維持靜止。若是不能找到另一個能夠讓我轉移目標的焦點，我的人生就無論如何都無法向前跨出一步。我每天都無可自拔地沉溺在停滯的時間當中。

「如果我死掉，就可以從這種痛苦當中解放出來了。」這個解決方式，總是存在觸手可及的地方，就像最後的王牌。

「希望有人可以悄悄地殺掉我」「在我還沒發現之前，悄悄地把我殺了」。就像許多吐露「我不想活了」的個案一樣，我曾經好幾次陷入類似這樣的想法當中：「如果我走在路上時，有什麼東西突然掉在我頭上，讓我當場死亡，該有多好！」

在這裡我想說的是，就算我當時想死得不得了，我也同時覺得「死很可怕」。

死為什麼可怕？

那麼，死為什麼可怕？

我在活得如此痛苦的那七年當中，雖然每天都懷著「我想死、我想死」這種對死亡的渴望，但同時，我仍然覺得「死很可怕」，這是為什麼？

原因之一，或許是死亡完全切斷了我們與這個世界的連結。

舉例來說，因為遭到霸凌而自殺的孩子當中，有些在自殺時是抱持著這樣的想法：「這是對霸凌自己的人的復仇。」

這種情況下，這個孩子在死亡的那一瞬間，意識依然留在現世，留在那間教室當中。換句話說，這個孩子為了完成「想像上的復仇」，而選擇了死亡。

但是，如果死了，我們當然就無法繼續留在這個世界上，我們與這個世界的連結，會在死亡的一瞬間完全斷開。這種無邊無際的孤立感，或許就是我們之所以害怕死亡的核心因素之一。

至於另一個因素，或許就是對「自我」──「能夠確定這是自己的意識」，也就是「自我意識」──完全消失的恐懼。

當我們被問到「死了以後會變成什麼樣子」，往往會想像這樣的情景：已經死亡的「我」，從天上窺視「我」死後的世界，看見家人因為我的死亡而悲傷的樣子，以及我的葬禮正在舉行的狀況等等。

但是，死，並不是這麼一回事。

連像這樣「窺視著我死後的這個世界的我」都消失，這才是死亡。

至少，這個具備感官，能夠覺察五感的我，在死亡的同時就灰飛煙滅了。

而且……從這一瞬間開始，我再也不能呼吸。我再也，而且是永遠看不見、聽不見、摸不到、聞不到、品嘗不到任何的一切。永永遠遠，再也無法感受、思考任何事情，所有的事情。不僅如此，我也不再能擁有確認「這是我」或「我是我」的意識。就連要意識到「我」就是「我」，也無法辦到。

就連意識到「啊，我已經死了」的自己，也不存在了。

自我意識本身完全消滅。

這或許就是「死」的本質。

對死亡的恐懼，其核心本質無疑就是對於這種「自我意識」完全消滅的恐懼。

下列這段話，也清楚地表達了這種感覺。

我們為什麼會被生下來，為了什麼而活著，然後死亡？死了以後會變成什麼樣子？是永無止盡的黑暗嗎？應該也有人記得自己曾苦苦思索關於存在的難題，為此幾乎就要發狂。死了就是永遠的虛無，再也無法回到這個世界上，永遠消失。這不是一萬年或三兆年就能結束的事情，而是真正永遠從這個地面上的世界消失。

——古東哲明〈名為存在的奇蹟〉／《本》，二〇〇二年四月號，講談社

我這麼說，似乎可以聽到有人問：「諸富先生，你從事的應該是超個人心理學這種『循正統途徑，從意識層面研究屬靈心理的學問』，但是你自己卻不相信死後的世界、也不相信輪迴轉世嗎？」但我在這裡所說的死亡是另外一回事。

就像佛陀所說的「無記」，或是堪稱二十世紀最偉大的宗教哲學家維根斯坦（Ludwig Josef Johann Wittgenstein）所說的「對於無法談論的事物，就該保持緘默」一樣，關於死後的世界，我採取的立場是「不知道的事情就是不知道」「無法談論的事物，就不該談論」，這是一種對知識的誠實態度。

但與此同時，我也認為就可能性來說，無論是「死後的世界」還是「輪迴轉世」，都是十分有可能存在的。

因為我覺得「輪迴轉世」或是「死後生活」的不可思議程度，與「我」這個「意識」現在存在於人世間的不可思議——「我」這個「意識上的存在」有著壓倒性不可

思議——相比，幾乎就像發生微小的「誤差」一樣不足為奇。

對我來說，最大的威脅和不可思議，就是「我」這個「意識」確確實實地存在於這個世界上——笛卡兒「我思故我在」的體悟想必也與我十分接近。因為這個太過不可思議的事情，如此實際發生——欸，愈想愈覺得這真是不可思議——「輪迴轉世」也好，「死後生活」也好，無論再發生什麼樣的事情，都幾乎會讓人覺得沒什麼不可思議了。

不可能有超越「以『我』這個意識存在於這個世界上」的奇蹟，這是我的真實感受。沒有任何一個「奇蹟」，能夠比有一個「我」這樣每天在這個世界上生活更令人感到不可思議。

只是像這樣活著——以「我」這個意識，在這個世界上吃吐司當早餐、在人群當中行走、和同伴打招呼——這件事情本身，就已經是「最偉大的奇蹟」了。

我之所以會恐懼死亡，是因為害怕死亡會奪走現在被賦予的，這個「最偉大的奇蹟的瞬間」，並且再也無法重新品味這個奇蹟。

死亡的五個階段

伊麗莎白・庫伯勒－羅斯（Elisabeth Kubler-Ross）是世界知名的臨終照護先驅，她在著作《論死亡與臨終》中，詳細記載了人類邁向死亡的過程。

・第一階段　「否認與孤立」

這是不願意承認自己即將邁向死亡的事實，想要否定的階段。

正視自己即將死亡的事實並不容易，因此無論是誰都不願意承認這個事實。舉例來說，有些癌症末期的患者看到拍到自己癌症腫瘤的X光片時，會覺得「這不是我的X光片，醫院把其他人的X光片誤以為是我的了。」

・第二階段　「憤怒」

人在終於不得不承認自己真的將要死亡，這個可以不想承認就不承認的事實時，會感受到一股「無以名狀的憤怒」。為什麼我非死不可呢？這樣的痛苦，轉換成「怒氣」爆發，並且將「怒氣」發洩在家人、主治醫師或護理人員身上。

・第三階段　「討價還價」

這是開始正視自己死亡的人，所做的最後掙扎。換句話說，他們會祈求神明、開始與神明交涉，想辦法多少拖延「我的死期」。

・第四階段　「沮喪」

所有對死亡的抵抗都結束後，絕望的情感終究還是襲來。症狀帶來的身體疼痛、手術帶來的痛苦與治療的副作用、體力衰退、帶給家人的許多麻煩、經濟上的損失、從社會活動中脫離……死亡讓人們「喪失」了太多的東西。這會將人打入沮喪的情緒當中。

・第五階段　「接受」

到了這個階段，人們已經不再與「自己將要死亡」這樣的命運搏鬥。也不再感到絕望。這個時候的心情平靜安詳，甚至可以稱之為「長途旅程最後的休息」。

以上是羅斯提出的「邁向死亡的五個階段」。

由此可知，人們必須經過悲壯、痛苦的過程，才有可能「接受死亡」。

人們因為不想承認自己的死亡而掙扎、搏鬥、痛苦，最後好不容易接受自己將要死亡。

《論死亡與臨終》成為全世界的暢銷書，羅斯則持續以臨終照護提倡者的身分活動。後來，她陪伴許多重病患者經歷瀕死體驗，並且從許多瀕死體驗中找出共通點。於是她開始覺得，「傳統意義上的死亡並不存在」。

接著，她想起自己造訪多達九十六萬名孩子葬身於毒氣室的梅大涅（Majdanek）集中營時的震撼。因為她在許多孩子度過最後一夜的木造營房中，看見牆上除了滿是如同刮痕一般的，留給爸爸媽媽的訊息之外，還刻著小小的蝴蝶。

為什麼是蝴蝶……她說自己當時無法理解蝴蝶這個符號的意義，只能呆立在那裡。

但是在這之後，她在陪伴許多瀕死病人時開始問自己這些問題：生命會如何消逝？生命會往哪裡去？人在死亡的瞬間有什麼樣的體驗？而某天，她突然想起年輕時在旅途中看見的，刻在集中營牆壁上的蝴蝶圖案。

我現在終於清楚理解蝴蝶的意義了。被囚禁的人和瀕死患者一樣，已經察覺到接下來會發生什麼事情，他們已經知道，自己再過不久就會羽化成蝶。死了之後，就能脫離這個地獄般的地方，再也沒有拷問，再也不必與家人分離，再也不會被送進毒氣室了。從今以後就能夠與這種時時恐懼的生活絕緣，很快地，就能像破蛹而出的蝴蝶一樣，脫離這具軀殼。那個蝴蝶的圖案，就是被囚禁者想要留給後世的死後訊息。

——伊麗莎白．庫伯勒—羅斯著，《天使走過人間》

開始產生這種想法的羅斯，後來以蛹比喻實際的身體，蝴蝶比喻靈魂，藉此說明死亡與其過程。

羅斯這麼說：

死亡只不過是從這種生命型態，轉變成另一種沒有痛苦也沒有煩惱的存在型態。

——出處同前

我們誕生到地球上，完成所有被賦予的功課之後，
就已經可以脫離這具軀殼了。
軀殼是蛹，是裝著靈魂的空殼，
蝴蝶將從這裡飛向藍天。
如果時候到來，放棄這具軀殼也可以。
這麼一來，就能夠從疼痛、恐懼、擔心之中解放。

——出處同前

或許有不少人想像，羅斯既然說出這段話，並以「全球臨終照護權威」的身分活動，她在面對自己的死亡時，應該非常平靜吧？然而實際情況似乎完全不同。

數年前，ＮＨＫ曾經播出她即將死亡的樣子，並且獲得相當大的回響。節目中出現的她，是一個有血有肉的人，她以悲傷的表情訴說自己因為不擅長接受別人的愛，所以度過缺乏愛的一生。她不掩飾自己的焦慮，並且還說，自己之所以在病房擺著剛出生的孫子的照片，是因為偶爾看著這張照片是她最幸福的時光。

令人震撼的是，羅斯完全無意掩飾她無法好好接受死亡逐漸逼近自己而感受到的

痛苦，以及自己還沒有充分享受人生的遺憾。而且，儘管她經常說，人生中最重要的是「付出自己的愛，接受別人的愛」，她卻也不隱藏對於自己這一生「雖然能夠給予別人愛，但是卻無法接受來自他人或家人的愛」所感受到的遺憾，並且清楚地用言語表達出來。

我記得自己看到這樣的羅斯時，有種鬆了一口氣的感覺，覺得「我自己也可以狼狽掙扎地等待最後一刻降臨」。

用心活在此刻這一瞬間

羅斯將她照護許多臨終患者，或是從其他許多經驗中學到的事物，寫在晚年的著作《用心去活：生命的十五堂必修課》當中。

最令我印象深刻的，是下列這段話：

當我們聽到即將邁向死亡的人說出「我想再看一次星空就好」「我想再一次發呆看海」時，總會覺得是當頭棒喝。雖然很多人住在海邊，但卻幾乎沒有人會看著海發呆，盡情地品味海洋；幾乎所有的人都住在天空之下，卻不曾想到要仰望星空。我們真的盡情地體驗、品味、享受人生了嗎？我們真的覺察到這些非凡的，在極度平凡當中的非凡事物了嗎？

——伊麗莎白．庫伯勒—羅斯，《用心去活：生命的十五堂必修課》

這段話真的給人當頭棒喝。

帶津良一醫師，是對癌症末期病人採用全人治療的全人醫療權威，照護過許多臨終病人，我在與他對話時，曾經問過他：

「臨終時安詳死去的人，與帶著後悔死去的人，有什麼不同呢？」

結果帶津醫師這樣回答：

「他們的差別就在於，自己的人生當中是否有『未完成的事情』。我想，如果一個人覺得他該做的事情、想做的事情全部做完了，確實能夠帶著滿足的表情安詳迎接死亡。」

羅斯與帶津醫師，這兩位「臨終看護」大師都一致說出好好活著，在死的那一瞬間不要留下「唉，當初如果做那件事就好了」的悔恨有多麼重要。

也就是說，用心活在每天的每一瞬間，讓自己能夠在迎接死亡的那一刻覺得「啊，我已經沒有任何遺憾了」，真的非常重要。

就如同與心愛的人一起度過平凡無奇的日常時光一般，用心地度過每一瞬間。

死亡或許會在某個時間點突然造訪，我們既然對死亡無能為力，可以做的事情就只有一件，那就是「每天的每一瞬間都用心活過」——或許只是如此而已。

人生的練習八

凝視自己的死亡

- 「我透過凝視死亡，可以學到＿＿＿＿這個人生的真相。」
- 「如果死亡突然在明日造訪，我想要再一次＿＿＿＿就好。」
- 「如果我知道自己將在半年後死去，我想做的事情有下列這五項：
  - ＿＿＿＿
  - ＿＿＿＿
  - ＿＿＿＿

・＿＿＿＿＿＿＿＿

・＿＿＿＿＿＿＿＿」

●「為了在死亡突然降臨時也不後悔，我想要將＿＿＿＿刻在心中。」

●「為了在死亡突然降臨時也不後悔，我想要對＿＿＿＿說＿＿＿＿。」

●「即使明天死亡突然造訪，我也可以說自己的人生擁有＿＿＿＿的意義。」

●「我在人生當中，完成了＿＿＿＿的使命（課題）。」

第十章

過程練習
——發現與領悟的最佳方法

回顧痛苦給予人生的意義和改變

本書帶領讀者一一回想人生當中發生過的各種痛苦、難過的事情，並且回顧這些事情的「意義」。

回顧的背後，存在著這樣的想法：「人生中發生的每一件事情都有其意義」「人生中發生的所有事情都有『必然的意義』，這個人的人生在這個時候，必須要發生這樣的事情。而這一件接著一件的事情就在冥冥之中，把我們的人生引導、帶領至『某個方向』。」

而提出這種人生的「目的論」見解，以及共時性、布局性這種心理治療中不可或缺的概念的人，就是榮格。

而閔戴爾是遵循榮格派理論的心理分析師與臨床心理學家，並在日後發展出過程練習這種獨特方法，成為當代頂尖心理治療師。

就我看來，閔戴爾的過程練習，無論是作為治療有嚴重心理問題之個案的臨床方法，還是做為在工作坊中促進自我成長的方法，都具有凌駕其他方法的魅力。而過程練習也衍生出豐富多樣的深入探索自我內在的方法，稱為「內在練習」。

過程練習在各種心理學的療法中，也是「發現與領悟的最佳方法」，能夠更深入探索人生中各種事件的意義。

如果能夠知道過程練習的概念，以及其具體方法，就能夠更深入地以更適切的方法，回顧至今以來的人生，探索自己人生當中之所以會發生這些事件的「意義」。

接下來，我想把這篇最終章當成本書內容的補充，在此介紹閔戴爾過程練習的基本概念，以及幾種從這個概念中衍生出來的內在練習具體方法。

把人生當作一場夢的練習

我認為，無論採取哪種方法做為學習心理諮商或是心理治療的入門，只要持續在這條路上深入鑽研，最後或許都會通往過程練習吧？

我曾在一九九八年前往美國波特蘭的過程練習中心參加密集課程，這是我最集中學習過程練習的時光。其課程簡介說明是這麼寫的：

「過程練習是一種以個人改變與群體改變為目的，將心理學與靈性學、社會行動主義結合成單一典範的創新方法。其適用範圍廣泛，遍及心理治療、身體開發、人際關係糾葛，以及大團體的動態。」

這個說明非常簡單，幾乎所有人都會覺得根本看不太懂吧。

此外，沒有其他任何一種治療方法像過程練習這樣，無論再怎麼用言語說明都難以理解，如果沒有實際親身體驗、感受其氛氛，就無從得知這個方法是多麼地有趣。不管哪位治療師都會覺得這麼一說確實是如此，應該再也沒有任何一種治療方法像過程練習這樣，實際體驗治療後所得到的，與光是閱讀書本所得到的印象有著如此大的差距了。

話雖如此，我還是大膽地試著以我自己的語言為各位說明過程練習是什麼。

過程練習，簡而言之，就是「提高人生當中覺醒力的綜合技藝」。是一種教我們人生在世，如何以品味「夢境」一般的態度，面對疾病、身體症狀、職場上難搞的人際關係、成癮症等人生當中各式各樣困難與問題的人生技藝。而這個綜合性的技藝教會我們，「在名為人生的夢境當中清醒生活」，或是「在清醒、保有清楚（明晰）意識的同時，也做著名為人生的夢」。

富士見幸雄先生將過程練習的發展分為五個時期，分別是一、把焦點擺在夢境與身體的共時關係的「夢身體」階段；二、除了個人心理治療之外，也展開伴侶治療或家庭治療的「過程練習」階段；三、進行深層團體療法的「世界練習」階段；四、開始運用「夢源」與「細微感覺」的概念，並且將焦點擺在伴隨著意識狀態改變的「多重現實」性階段；五、開始強調大地與地球、指向性、人生道路的自覺等觀點的階段。

為了方便起見，在此將這五個階段再分成兩段時期來說明，分別是一、一九九〇年代中期以前，以「一次過程」「二次過程」「通道」為中心概念的時期；二、一九九〇年代中期以後，以「多重現實」性為中心，更直接地接近靈性次元的時期（前後兩階段也分別以「第一種訓練」「第二種訓練」為稱呼區分）。

察覺人生的趨勢並隨之沉浮

首先，閔戴爾認為，「過程與趨勢」才是各種心理學與靈性學的傳統核心，這個想法是過程練習從初期到現在一貫採取的觀念。

因此，過程練習必須徹底重視「有自覺地在人生的趨勢中隨波逐流」這個簡單的原則。在過程練習中必須貫徹這樣的態度：覺察所有「現在這個瞬間發生的事情」代表什麼，並且有自覺地順從現在發生的過程與趨勢。

治療師必須仔細傾聽個案敘述的內容，理解存在於內容背後的心情，同時仔細留意當時個案做出的細微「動作」或是「眼神流動」「表情變化」，以及個案描述的「夢境」「印象」「身體的感覺」等等，並且給予他言語上的回應。除此之外，也必須留意個案的心理變化，以及其與「人際關係的糾葛」或「社會事件」之間的「關聯性」。

不僅如此，治療師在傾聽個案敘述時，也必須把意識聚焦在心理治療過程中出現的「所有事物」，譬如治療師自己突然浮現的「想法」與「身體的感覺」（例：聽個案說話時，不知為何自己突然開始暈眩），突然看見的「影像」或聽見的「聲音」，突然湧現的「直覺與衝動」，不知為何突然想要採取的「行動」，諮商空間內開始瀰漫的「空氣或氣氛、不協調感」，或是「前往諮商室的途中，不知為何突然看見的東西」，「諮商過程中突然闖進的昆蟲」，甚至還有治療師「昨晚的夢境」等。接著，諮商師也要把注意力擺在從這些現象中散發出的微小「動靜」「氣氛」與「傾向性」，即使這些微小的動靜尚未形成言語、影像或是動作。此外，還必須不斷地以細微的意識去覺察，諮商師在對這些事物的回應中產生了什麼東西。

像這樣，只是去覺察心理治療過程中產生的所有事物，而不對其做出解釋的態度，就稱為「現象學的方法」。而有自覺地遵循這當中產生的趨勢的「過程練習」，就可說是將這種現象學的態度徹底實行的方式。

開啟所有的感知通道

過程練習就像這樣，讓我們開啟視覺（夢境及影像）、聽覺（聲音及語言）、身體感覺、動作、身體症狀、人際關係、與世界的關係性、乍看之下偶然發生的事件等各種不同的「通道」，讓我們有自覺地從各種角度捕捉「現在，這裡正在發生的事情」。而且，只要能夠提高我們的感受性，任何方法都可以使用。

因此，過程練習有些時候看起來像是安靜不動的冥想，但有時候也會看起來像是踩著某種愉快的舞步。而其仔細分析夢境的部分讓人聯想到榮格心理學，分析身體症狀的部分讓人聯想到身體開發，重視原始的體驗過程以及模糊細微的身體感覺的部分，則與羅傑斯派心理諮商或澄心法相近，至於實際活動身體這點則給人近似完形療法或心理劇的印象。

對過程練習來說，「所有發生的事情」都是為了從中獲得必要領悟的各式各樣的「通道」。不過，為了方便起見，在對這些通道做出相對性區分時，會如圖四一般將其分為「視覺通道」「聽覺通道」「身體感覺通道」「動作通道」「人際關係通道」與「世界通道（社會與世界發生的事情）」。

過程練習的原理十分簡單。那就是安靜，但確實地把意識集中在自然出現於各個通道中的動作、症狀、語言、影像、身體感覺等等，並且對其做出回應——就只是這樣而已。

貫徹整個過程練習的是，「現在發生的事情是有意義的」，以及「如果集中注意力、提高自覺，過程本身也會展開變化」的想法。

我們可以這麼想，即便發生的是一般會被賦予否定意義的事件，譬如「慢性身體症狀」「充滿極度悲傷的人際關係」「〇〇中毒（成癮症）」等等，如果能夠將所有發生的事件，當成含有某種重要意義與目的的現象（維持目的論觀點），仔細深入地將注意力集中在這些事件上，並且有自覺地順從這些事件發展，就會從中展開新的過程，帶給我們重要的訊息。

雖然眼睛看不見，但卻有如同「超越個人的大浪」或是「河流」一般的力量（過程）作用在我們的人生當中。這股力量與我們想怎麼做，或是想要如何生活的「自我欲望」無關。換句話說，這股如同「人生波濤」「河流」「浪潮」或是「漩渦」一般

圖四　過程練習中的「通道」（領悟通過的「窗口」）

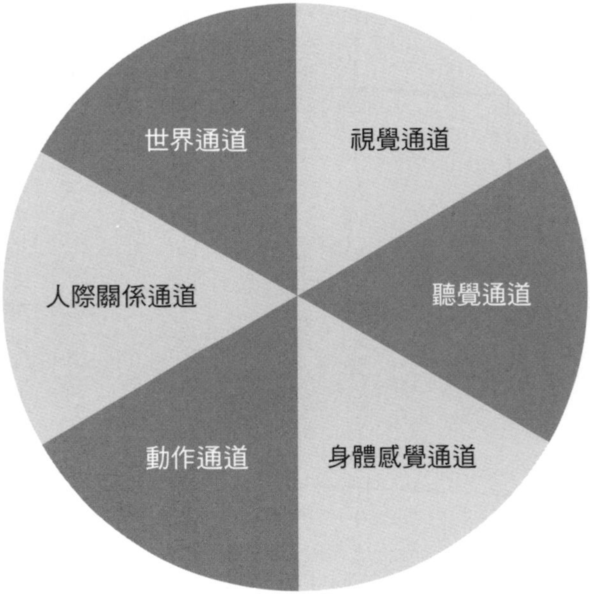

的力量，超越「自我欲望」，擅自從另一邊過來，並且將我們的人生帶往某個方向。過程練習認為，這股「**潮流**」（**過程**）的背後隱藏著很大的智慧（**過程心智**），而這股「潮流」（過程）應該會帶給我們必要的東西，因此我們必須仔細地把注意力集中在上面，有自覺地隨波逐流，以覺察它到底為我們帶來了什麼。

一次過程與二次過程

過程練習中，還有「一次過程」（認同這是自己的過程）與「二次過程」（不認同這是自己的過程）的相對區別。而存在於兩者之間，阻礙我們「領悟」的鴻溝則稱為「邊緣」。過程練習的治療師會幫助個案仔細地把意識聚焦在自己的「一次過程」「二次過程」與「邊緣」上。

接著讓我舉例說明。

某位二十多歲的男性因為職場人際關係的問題前來諮商。他認為自己「男性化，能夠領導周圍的人，是如同領袖一般的存在」（一次過程），而他也以為自己在這次被分配到的部門中，能夠以領袖的身分勝任愉快。但不知為何，他的人際關係發展卻不如想像中順利，他如果和同一個部門的同事，尤其是地位稍高的前輩組成團隊進行工作，就會不知為何開始覺得不太舒服，產生嚴重頭痛與肩頸僵硬的症狀（二次過程），並且想要請假。他在接受諮商時，也會在自己不注意的情況下，不知不覺做出好幾次「上半身，特別是胸口附近向後退縮的動作」（二次過程）。

治療師對此做出回應，他要求個案有意識地做出這個動作。他請個案維持曚曨的意識，反覆幾次地做，結果，個案腦中突然浮現「自己最討厭的某位公司前輩的身影」。

治療師請個案暫時像這樣反覆該動作後，個案突然笑出聲來。原來，他雖然非常討厭這位前輩「在重要時刻變得優柔寡斷、退縮的性格」，但他也發現自己的個性當中，似乎有著與這位前輩相似的地方。

接著他說：「原來如此，我也可以有意識地變得優柔寡斷，自己也退縮一點就好了。」

治療師於是請他一邊重複這句話，一邊持續進行「上半身向後退縮」的動作，結果他覺得頭痛與肩頸僵硬似乎不知為何減輕了。

從這個例子可知，我們心中那個「不想承認的自己」（二次過程），經常會以「不知不覺中做出的動作」，或是腦中突然浮現的「最討厭的人」之類的形象展現出來。就這位個案的例子來看，他「如影子一般」的「想法退縮、優柔寡斷的性格」，在不知不覺當中，開始以「上半身，特別是胸部附近向後退縮的動作」，與「在重要時刻變得優柔寡斷、退縮的前輩」的姿態展現出來。

過程練習的概念就像這樣，可以藉由讓個案在更「有意識」（保持自覺）的情況下，做出本人不知不覺間進行的「動作」，讓「光亮」照耀自己的「影子」。或者也可以請個案「變成」自己「最討厭的人」，進行角色扮演，這麼一來，個案就會莫名地開心起來，有時甚至還會開始覺得「我也想要變得更像這樣。」因為雖然沒有明確理由，但不少人會發現「不知為何莫名討厭的人」，其實就是由「自己的陰影面」所形成的「自己的一部分」。個案可以透過這種方式，讓「到目前為止都沒有生存空間的自己的另一面」，開始擁有更充分的生存空間。

初期的過程練習就像這樣，透過讓內心中的「一次過程」「二次過程」「邊緣」三個部分進行對話，加深領悟與學習。第八章介紹的成為「症狀的創造者」，也是以這個觀念為基礎發展出的練習，「為症狀所苦的自己」是「一次過程（認同這是自己

圖五　過程練習當中的「一次過程」「二次過程」「邊緣」

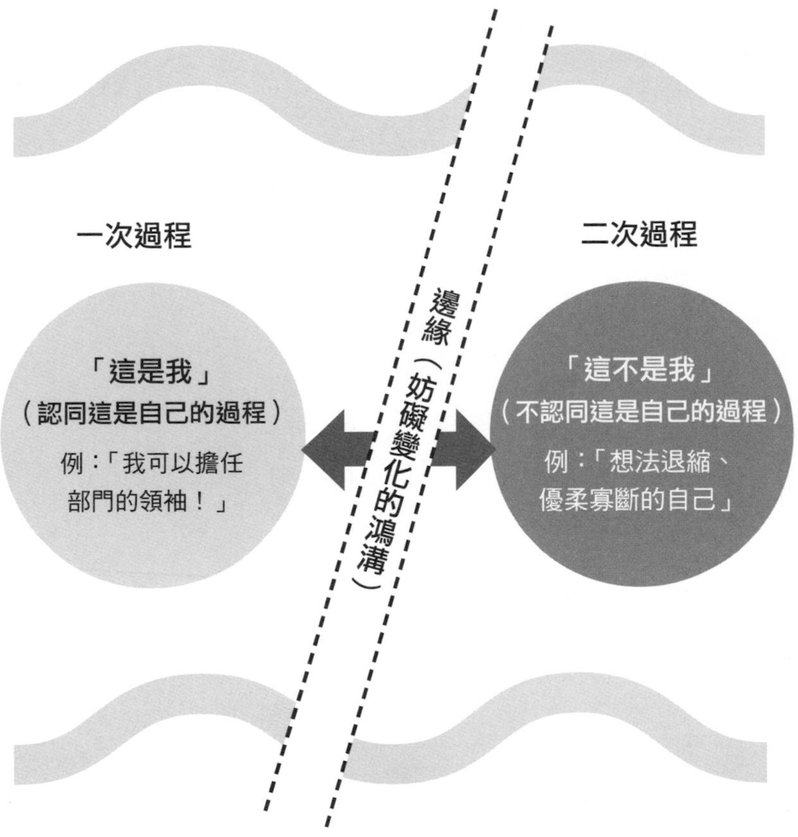

的過程）」，而「症狀的創造者」則是「二次過程（不認同這是自己的過程）」。

人生中的三種現實

一九九〇年代中期之後，過程練習透過將現實分成隨著我們意識狀態轉變而呈現出來的「三種相位」，讓我們能夠更直接地把目光焦點擺在人生的靈性面。

這「三種相位」分別是①**日常生活中「約定俗成的實相」**、②**「夢境」（也就是「夢」的相位）**、③**「本質」與「夢源」**。過程練習的目標，就是讓意識在現實的這「三種相位」間往返。

我們平常住在①這個許多人深信這就是「現實」的現實世界當中，也就是「約定俗成的實相」世界，在這個次元當中，「我是我」「你是你」，「個體與個體」是「相異的獨立實體」。

②夢境、疾病或是成癮症、人際關係的糾葛等各式各樣的「問題」，則是突然造訪這個世界的，帶來不同次元的「異物」，不同次元的現實透過這些「問題」的產生帶來訊息。這個次元是一個「你」「我」「他」的界線不明確，可以相互交替的次

元，舉例來說，就像在夢境當中經常會發生主體與客體相互替代，「我的願望」會以「你的願望」的形態展現出來的情況一樣。在夢境當中，「自己」經常會替換成自己以外的存在，我是「我」，但同時也是「你」；你是「你」，但同時也是「我」。我「活著」但同時也已經「死亡」。這個次元，是上述這種量子力學式觀點成立的次元。因此過程練習將這個相位稱為「夢境」，也就是夢的次元、夢的世界。過程練習中的「夢境」，指的不僅是夜晚睡覺所做的夢，也把疾病、成癮症、人際關係的糾葛、平常自然做出的無意識動作等，全部當成是「夢」一般的現象（進入更深層世界的通道）來處理。

過程練習就以這個②「夢境」次元為線索，從所謂的「現實」層面，進入到更深層的意識層面。其具體通道是夢境、疾病、成癮症、人際關係的糾葛等等。換句話說，這各式各樣困擾我們的「問題」，就是來到日常世界當中，邀請我們進入異次元世界的「異物」。

過程練習不將來自②「夢的世界」的「異物」當成妨礙日常生活的事物加以排除或是迴避，反而認為其會帶給我們非常重要的領悟，並將其當成「人生導師」一般的事物，珍重地對待。

不僅如此，閔戴爾認為我們可以透過「靈光一現」或是「細微感覺」，以及留意細微傾向（還無法看見或是描述的傾向）的細微意識動態，來進入更深層的③「本質」的現實相位。物理學家出身的閔戴爾表示，這是量子學層面的「非定域性」世界，這個世界不受時間與空間束縛——我在東京同時也在紐約，我活在現在但也同時存在於數百年前——是個超越時空概念的「本質」世界。所有的事物在這個次元當中，都擁有「相互連結糾纏」的「纏結」關係。我不只屬於「我」，也「與整個宇宙相連」，因此「這個宇宙發生的所有現象，都是我自己的一部分」。

量子力學的波動方程式認為，兩個粒子具有「纏結」關係，若其中一個粒子向上移動，在遠處的另一個粒子就會向下移動。整個宇宙就像這樣連結在一起。而許多巫師（靈媒）都知道，如果進入深層的意識狀態，就能看見這個世界是這樣組成的。在過程練習中，我們會進行加深自己意識層次的訓練，讓我們能夠進入看見世界的這個相位的意識狀態。

這個「本質」的相位，也稱為「夢源」。「夢源」不只是「夢」，還是夢的源頭，是造夢主，言語、動作、身體感官、人際關係以及這整個世界都由「夢源」創造而出，從「夢源」當中顯現出來。「夢源」是一切的「根源」；是「無形、趨勢」；

是成為夢境、言語、動作之前的，孕育出萬物的最原始的「趨勢」；是道教稱為「道」、佛教稱為「空」、量子物理學稱為「量子波動函數」的「那個」無以名狀之物。這就是「夢源」。換句話說，「夢源就是讓世界發展的原始位能」，而所謂的世界只不過是「夢源」的自我展開。因此「夢源」不只是夜晚睡覺時所做的夢，也是身體感覺、人際關係，或是無意識出現的身體動作等等……這個世界上的萬事萬物都是夢源的姿態展現。

現在過程練習的重點，在於把注意力擺在「靈光一現」「細微感覺」等這類細微的意識動向，並且將意識深入到稱為「本質」「夢源」「無以名狀的道」「靈魂」等的次元。此外，這個相位也稱為「過程心智」「系統心智」「內在的道教賢者」「我們最深層的自我」，存在於我們日常體驗背後的「連結大地及宇宙，全知的深層智慧」。而在②的「夢境」次元中產生的夢、身體症狀、人際關係的問題、神祕體驗等的背後，就存在著創造出這一切的「根源」（夢源、過程心智或是深層智慧）。過程練習就是將意識深入到這個次元。

更貼近體驗來說，這個次元是「看不見的東西」「無以名狀的道」，是形成言語、動作、影像等「形體」之前（無形），只能透過細微的空氣、氣氛隱約感受到

圖六　「現實的三種相位」與「靈光一現」「過程心智」

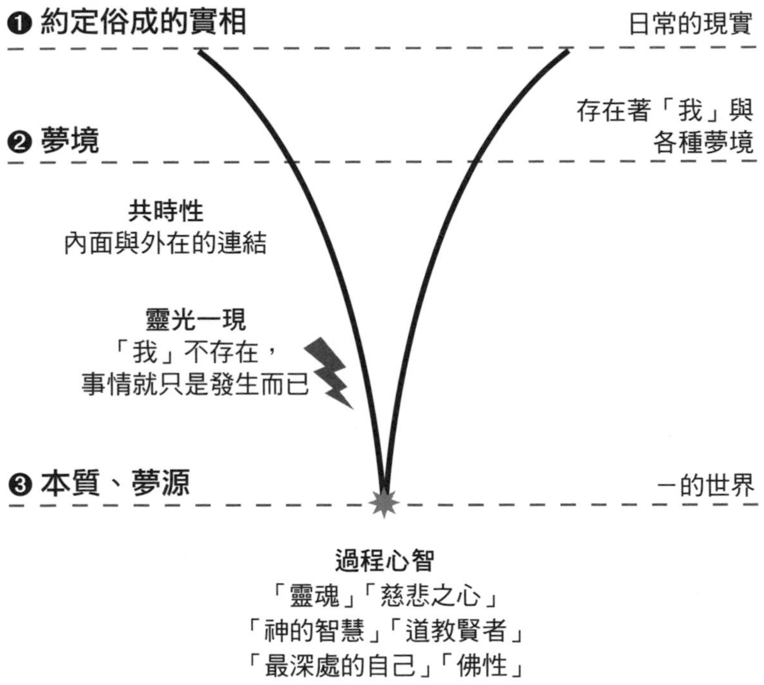

的，曖昧不清的東西。是將「我」帶往某個方向，讓我往意想不到的方向移動的，如同「趨勢」或「氣氛」一般的東西。

舉例來說，閔戴爾的個案中有一位修女。他在問了這位修女自己對夢境的解釋之後，又問她：「進行夢境練習的時候，有什麼樣的體驗嗎？」個案想了一下之後回答「下巴與喉嚨有微微的緊繃感」。當她把意識集中在這個體驗上時，逐漸感覺到這種緊張感是「關在喉嚨中的感覺」，而她也從這個感覺中接收到「不要再這麼外向了」的訊息。這位修女透過這樣的方式，從現在發生在自己身上的細微感覺，來理解夢境傳達給她的「比起外在活動，更需要重視精神性」的內容（參見閔戴爾的《築夢者的學徒》〔*Dream maker's Apprentice*〕）。

閔戴爾表示，當我們抵達「本質」次元的時候，會產生「沒錯，就是這個！」的感覺。這是一種「沒有比這更貼近」的，真正契合的感覺。正面的感覺滲透到全身，我們應該會因為這件事情本身就得到滿足。

另外還有一點很重要，那就是如果在③的次元掌握了本質，之後必須再回到①的約定俗成的實相（也就是所謂的現實）次元中。③的次元中掌握到的本質，如何在①的日常世界中活用，是非常重要的一點。

這指的並不是把在本質次元中掌握的東西還原回日常世界當中。

過程練習採取的是「深度民主主義」的思考方式，認為無論是哪個相位的現實、哪個意識的次元，都有其固有價值。無論是「看不見的深層次元」「看得見的日常次元」「無以名狀的次元③」或「可以描述的次元①」，過程練習對所有次元都採取尊重的態度，既不認為無法在日常世界中發揮作用就沒有任何價值，也不會採取光顧著重視本質世界而忽略日常世界的態度。

無論如何，下列的練習除了重視形成動作之前的動向，及形成形體之前的氣氛等細微的線索之外，也從①深入到②，再到③，接著在③掌握了本質之後，再度回到②，而後是①，等到再度取得某種線索之後，又從①深入到②，再到③。反覆進行這樣的往復運動。

過程練習採用「深層民主主義」的概念，對於①「日常性的現實意識」、②「夢次元意識」，以及③「過程心智」這種非常深層的意識層次，都給予同等的重視與尊重，這些意識沒有上下之分，過程練習中完全沒有階級畫分的想法。此外，過程練習也會進行意識的訓練，讓意識可以在這幾個意識層次中瞬間往返，如果可能的話，儘量訓練到能夠讓意識「同時」存在於每個相位當中。

過程練習自誕生之後，就在閔戴爾的手上不斷地更新。一九九〇年代中期以來，過程練習就採取重視①②③每個相位的現實及意識次元，並在這當中自在往來的基本態度，同時從「靈光一現」（隱約吸引意識注意的東西）、「細微意識」進化到「人生方向性的感覺」「人生道路的自覺」，再到「大地心理學」「過程心智」（萬能的智慧）「系統心智」（宇宙智慧），不斷地往更直接進入人生靈魂本質的方向深化。九〇年代前半，發覺「一次過程」「二次過程」「邊緣」「通道」等理論支柱的訓練稱為「第一訓練」，而讓意識在三種現實相位中自在往來的意識轉變訓練則稱為「第二訓練」。

接下來，將為各位介紹過程練習後期代表性的練習——「靈光一現的練習」與「方向性練習」，請各位讀者一定要自己試試看。

靈光一現的練習

一、稍微搖晃身體並放鬆下來……接著進入意識有點矇矓的狀態。準備完成之後，請緩緩睜開眼睛。

二、請保持意識矇矓的狀態，緩緩環視整個房間。

三、請找出「不知為何隱約有點在意、吸引你注意力的東西、讓你覺得好像在誘惑你、呼喚你的東西」，也就是「雖然不太清楚是什麼，但似乎有意義的東西。好像有話想要對你說的東西」。

四、如果找到這樣東西，請你仔細品味它，掌握其存在感，以及存在於其內部，讓你覺得似乎在對你說些什麼的本質。

五、請你試著變成那樣「東西」。變成那樣「東西」之後，試著將它表現出來，可以使用任何方式，譬如動作、語言、聲音、音樂……請試著盡情表現。

六、盡情表現之後，慢慢把動作或音量放小，試著捕捉這樣「東西」的本質，也就是存在於其背後的根本性質。

七、從這樣「東西」的本質角度，觀察平常的自己。請一邊做出表現其本質的動作，一邊從這樣的角度看著平常的自己。「自己看起來是什麼樣子？你想傳遞給自己什麼樣的訊息？」

八、接著回到「平常的自己」。試著思考「你在到目前為止的人生中，以什麼方式排除這個練習中出現的本質，拒絕其所送出的訊息？用什麼處理方式？在接下來的人生當中，你想要如何珍惜它呢？」

某位男性說，他莫名其妙地在意窗外的某個看板，在意得不得了。我請他高舉雙手站立，成為這個看板，並且在這個狀態下探索其本質，結果他說這個看板的本質是「穩如泰山」。他在充分表現、品味看板之後，從看板的角度觀察平常的自己，接著他開始說出下列這段話：

「最近我似乎莫名地在意旁人的視線，我好像光顧著隨這些視線起舞而迷失了自己。而這個看板雖然注視著大量人潮往來，本身卻靜靜地站在那裡，一動也不動。我想，看板這樣東西的本質要告訴我的，就是不隨他人起舞的重要性。」

我們在忙亂的日常生活中，經常會企圖排除「雖然不知道是什麼，卻莫名其妙隱約在意的東西」，因為如果要一一處理對這些東西的在意情緒，就無法有效率地完成工作。

但是，過程練習卻透過仔細品味這些「莫名在意的事物」，來接觸其本質，因為這些微小卻「無端令人在意」的事物，正是邀請我們去領悟某種重要訊息的媒介。

我自從學會了這個練習，在日常生活中，譬如走在往車站的路上時，也開始經常會在意識稍微放鬆的狀態下行走，並且對「莫名在意的事物」「似乎像是在對我說些什麼的事物」的「氣氛」開啟感官。接著在電車中，也以近似冥想的狀態品味該事物的本質。

發現人生道路的練習

我們如果想要獲得真正的幸福，在接觸自己內心深處的同時，也必須將「自己該往何處去？會被帶領到這個世界的何處？」等明確的感覺化為意識，並且牢牢記住。

如果不一邊接觸、確認這種在深層次元流動的人生方向性的感覺（「人生道路」的自覺），一邊逐步前進，就會無法分辨出什麼是能為自己帶來幸福的真正重要的事物，什麼又是不需要的事物。這麼一來，人生甚至可能會在持續的迷惘中不斷地重蹈覆轍，或是被捲入無謂的事情當中，讓時間白白流逝。

閔戴爾相當重視「細微感覺」。而細微感覺中，最重要的元素之一就是「方向性」。舉例來說，就像是你在房間中裝飾鮮花或圖畫時出現的「不應該放在那裡，而是要放在這裡」的直覺，雖然無法合理說明，但確實存在。日常生活當中，身體感覺到的方向性也像這樣，幫助我們做出許多決定。

舉例來說，一段戀情要結束好，還是繼續好，選擇職業時，要進這家公司好，還是進那家公司好……

事實上，在這種時候，我們多少會憑著這種「方向性」或是「人生道路的自覺」來決定前進的方向。不過，幾乎沒有人會仔細把意識集中在這上面。

我在與猶豫著「接下來該怎麼活下去？」「接下來該往哪個方向前進呢？」的個案進行諮商時，會依個案狀況彈性調整下列指示的內容後，教他們進行這個練習。

一、閉上眼睛，把意識擺在身體的感覺上。確認自己的中心在身體的哪個部分，並且讓意識轉向自己體內深處。

二、面向天空，誠心誠意地問：「我應該朝哪個方向前進呢？哪個方向在呼喚我呢？」

三、以左腳為軸心，向後轉三至四圈。剛開始時快速旋轉，接著再緩緩地放慢速度。

四、把意識固定在身體中心部分，在這個狀態下凝視「感覺吸引自己的方向」。請仔細確認自己身體深處「想要朝哪個方向前進」「覺得受到哪個方向呼喚、吸引」。請緩慢活動身體，反覆地一邊探索一邊確認，直到覺得「沒錯，就是這個方向」為止。

五、找到了讓你覺得「沒錯，就是這邊」的方向後，朝著這個方向緩慢邁出五六小步。這時你的腦中會浮現出什麼樣的場面、景色或是聲音呢？你會看見、聽見什麼呢？

六、多走幾步之後，應該會抵達「必須抵達的場所」，這時會感覺到「啊，就是這裡。」「那個呼喚我的聲音，就是要我來到這裡。」請你懷著這樣的期待，一邊品味「某個聲音呼喚我來到這裡的感覺」，一邊慢慢往前走。

七、「必須抵達的場所」是什麼樣的場所呢？那裡有什麼？可以看見、聽見什麼？請你試著感受一下現場。可以用什麼樣的言語表達這個場所的本質？如果要你用手的動作來表現這個場所，會是什麼樣子呢？請你暫時保持沉默，試著感受看看。

八、請你從這個場所注視現在的自己。請你想像現實中的自己就在眼前。

九、現在的自己看起來是什麼樣子呢？請你成為「必須抵達的場所的本質」，試著從那裡向現在的自己傳達某種訊息。請你像是要對現實的自己說話一般，試著實際說些什麼。

十、當你接收到訊息之後，請回到現實的自己。請你想一想，在你未來的人生當中，可以用什麼樣的方式珍惜這個來自本質世界的訊息呢？

我也在閔戴爾的工作坊中，體驗了這個練習。當時的我正處於應該完成的事情和想做的事情太多，因此感到有點迷惘，不知道「該捨棄什麼才好」「真正想做的事情是什麼」的時期。練習開始後不久，我就感覺到自己的中心似乎是在左下腹的深處。這時，我把意識固定在這個部分，並且試著面向天空發問：「我應該往哪個方向前進呢？哪個方向吸引我呢？」

當我開始探索「吸引我的方向」時，一種像是受到某個方向吸引似的感覺降臨腹部。我一邊仔細地感受這種感覺，一邊緩緩地朝著這個方向前進。我感覺自己在有著鄉下田園風景的路上走了一陣子之後，這條路漸漸通往下方，來到接近地底之處。我雖然覺得有點可怕，但還是沿著黑暗狹窄的道路慢慢往地底前進。不久之後，我抵達了讓我覺得「啊，就是這裡，吸引我的就是這裡」的地方。

這個地方到處都漆黑一片，是黑暗的「死亡世界」，是真正昏暗無光的「什麼都沒有的世界」。我暫時感受一下那裡之後，化身為「黑暗世界的本質」，試著對現在的自己說話。

這時從我身體裡湧現的話語是：「請珍惜即使死亡，依然感覺靈魂繫在一起的人。並且趁著這個時候下定決心，捨棄除此之外不是那麼重要的人際關係。」

當時的我每天都有做不完的雜事，甚至還必須顧及到不是那麼重要的人。我在這樣的狀態下忽略了「花時間與真正重要的人培養關係」，而「人生道路的練習」就對當時的我，發出了這個重要的警告。

※本章中過程練習的說明，是以拙作《靈性諮商入門（下）方法篇》中有關「過程練習」的說明部分為基礎，摘錄其要點改寫成適合一般讀者的淺白說明。

後記

你必須完成的人生使命是什麼?

痛苦引領我們不知不覺走上某條人生道路

詹姆士．希爾曼是榮格派當中有「原型派」之稱的「靈魂心理學」權威，他在其名著《靈魂密碼》的開頭中，寫出下列這段話：

人生無法完全用理論說明。某樣「事物」遲早會將我們引導到某條唯一的道路上，這樣「事物」也可能會在童年時突然降臨，它可能是突然湧現的衝動、難以抗拒的誘惑、想像不到的轉折……這一瞬間，彷彿就像天啟一般，如此向你呼喚：這正是我必須從事的事情，這正是我必須取得的東西，這正是我之所以為我的重要理由。

這本書，就是一本關於這種命運召喚的書。而命運的召喚也不全然是這麼地強烈鮮明，有些時候，或許就像是在不知不覺中將你推向岸邊某一點的河流一樣平穩。然而，如果你回過頭來看，就能感覺到命運已經伸出手來。

——詹姆士．希爾曼，《靈魂密碼》

希爾曼的這段話，也適用於本書主題。

本書以「人生當中各式各樣痛苦與煩惱的事情」為主題，並且在思考這些事情「對自己人生的意義」時，也回頭看這些事情將我們引導到什麼樣的「人生道路」上，而命運又透過這些事情對我們發出什麼樣的「召喚」。

人生中發生的每一件事情都有其意義。

這個人的人生在這個時候必須要發生這樣的事情。而這所有的事情串聯在一起，冥冥之中將我們的人生引導至「某個方向」或「某條道路」。

這就是本書基本的主題。

本書的每一章，都以一個多數人抱持著的「人生中煩惱與痛苦的事情」為題材，思考這件事情「對自己人生的意義」。

本書幫助讀者從工作的煩惱／人際關係的煩惱／婚姻與夫妻關係的煩惱／養兒育女的煩惱／戀愛的煩惱／金錢的煩惱／疾病的煩惱／死亡的煩惱等八個領域，回想至今為止在人生當中發生過的「痛苦、難過的事情」，並且一邊探索其「意義」。

讀者可以一一回想每一件痛苦難過的事情，一邊思索：「為什麼我的人生會在那個時候、那個時間點，發生那件痛苦的事情呢？我的人生在那個時候發生那件痛苦的事情，有什麼『意義』呢？」

時間的偉大力量

當人們正處在一件痛苦事情的漩渦當中時，單單只是要撐過這件事情就已經竭盡全力，沒有回頭看這件事情的餘裕。

處在這個狀態下的人前來諮商時，只能不斷地訴說「自己現在有多麼難過、多麼痛苦」，像是要把什麼宣洩出來一樣。

然而，「時間」擁有偉大的力量。人們在這件事情發生之後過了一年、兩年、三年……就能逐漸與其拉開「距離」。

接受諮商的人也是如此，當他們正處在這件事情的漩渦當中時，光是要撐過就已經筋疲力盡，但是隨著時間經過，就逐漸能夠開始回頭重新審視。

當我們與這一連串痛苦難過的事情拉開「距離」，從稍微遠離的地方俯瞰之後，才開始能夠自問事情為何會發生：「我的人生為什麼必須在那個時候、那個時間點，發生那件難過的事情呢？這一切具有什麼樣的『意義』呢？」

因為自己的人生「有需要」，所以事情才會發生。

當事情發生時，我們會覺得這只不過是一件「無意義、痛苦的事情」，但是當我們咬緊牙關走過那段痛苦的日子，好不容易穿過如同「人生黑暗期」的漫長隧道後，再回頭看，才終於發現「所有事情都有意義，都是因為需要才發生的」。

人生必然有意義的感覺

本書在紙上進行了個案在諮商或心理治療現場使用的內省練習。我們在這樣的練習當中，可以一邊回想、反省自己曾經面對過的痛苦難過的事情，一邊探索「意義」。

這種「必然有意義的感覺」，會在反覆的自我探索當中，開始滲透進整個人生。

我們透過長達好幾年的痛苦掙扎，才開始理解這種共通的「必然性」。每一件痛苦的事情不僅具有意義，而且還全部「互有關聯」。

而這一切都為我們的人生帶來「方向性」的感覺，將我們「引導至某個方向」，這樣的感覺會降臨。

「我這一生不算白來了」——我們會感覺信心滿滿。這是一種像是「發現」全新生活方式，而同時也像「想起」心底深處從很久以前就已經知道的某種事物。

完成人生在世的使命

這時，在到目前為止的人生當中，不知不覺將自己引導至某條道路的「冥冥之中的真理」會一口氣躍出。原本存在於冥冥之中的真理，會串聯成一個整體，並且一口氣浮現出來。

- 人生當中存在著如同「冥冥之中的劇本」般的事物，持續透過至今發生在人生當中的各種事情，不知不覺地引導我們前進。
- 這或許是一種類似引導我們「像這樣活著的『命運之路』」般的事物。而我們一直以來，都不知不覺地被帶著前往。
- 上天賦予我們的人生「必須在這個世界上完成的使命」一般的事物。而完成這項使命，正是我們「誕生的意義與目的」。
- 而我們的人生所被賦予的使命，換句話說，就是我們的靈魂降臨到這個世界上時，刻畫在其上的「靈魂的任務」，甚至也可稱之為「烙印在靈魂上的任務」。

人生的總練習

本書討論了關於工作、人際關係、結婚與夫妻關係、養兒育女、戀愛、金錢、疾病、死亡等八個領域的「煩惱與痛苦」。

而各章最後，也請各位讀者進行了回想「讓你最煩惱、痛苦的事情」，及探索「這件事情的意義」的書寫練習。

舉例來說，第二章「工作的煩惱」的結尾練習中，我們請讀者於「我在工作上遇過最難受的事情是＿＿＿＿＿＿。但是，現在回想起來，這件事情有＿＿＿＿＿＿的意義。」這段文章的空格中，填寫最貼切的描述。

寫在空格中的煩惱與痛苦，或許悲慘得連回憶起來都令人難過。這一類的事情，幾乎每天都會降臨在我們身邊，讓我們不得平靜。

然而，如果我們花時間仔細地面對，就會發現，無論哪件事情，發生在一個人的人生當中時，都帶著必定要發生的「必然意義」。

接下來，我們將進行這整本書的「統整練習」。這個練習的理論背景就如同「前言」所述，源自於美國著名哲學家兼心理治療師尤金・詹德林所開發出來的「創造性意義生成法」（尤其是第二部分）。

一、再次審視自己在各章結尾的「書寫練習」中寫下的內容。接著，從寫下的內容當中，選出八句「內心最有共鳴的話」「最在意的話」「印象最深的話」，並填在以下的欄位中。要選哪八句完全自由，可以每章選出一句，也可以從某章選出五句，但另一章一句也沒有選。

（例：「我要以即使明天就死去也完全不後悔的方式生活」「我要重視與所愛的人共度的時間」等等）

- ________________
- ________________
- ________________

- ＿＿＿＿＿＿＿＿
- ＿＿＿＿＿＿＿＿
- ＿＿＿＿＿＿＿＿
- ＿＿＿＿＿＿＿＿
- ＿＿＿＿＿＿＿＿

二、這裡選出的八句話，乍看之下或許只會讓人覺得互不相干。但是接下來，我們要將這些句子相互「連接起來」（讓這些話產生交集），使它們之間共通的模式浮現出來。

首先從這八句話當中選出在意的兩句話，接著在意識矇矓的情況下一邊回想這兩句話，一邊想著「這兩句話互有關聯」，而後挑出閃過腦中的「共通模式」，並且將其寫下來。不用勉強自己去想，只要試著寫出腦中浮現的模式就可以了（例：在矇矓的意識下回想「我要以即使明天就死去也完全不後悔的方式生活」與「我要重視與所愛的人共度的時間」這兩句話……結果腦中浮現出「要珍惜失去就拿不回來的東西」這樣的模式，這時就在下列填寫欄位中寫下這句）。

三、接下來，再將寫在這裡的「模式」相互「連接起來」（讓這些模式產生交集），這麼一來，你或許會突然看見（以各種「痛苦難過的事情」的形式）默默存在於你的人生當中，一直以來在不知不覺當中引導你「冥冥之中的人生劇本／情節／道路」。這時請將它寫下來。

●「某樣『東西』透過好幾件串聯在一起的事情，在不知不覺中將我引導至＿＿＿＿＿

______的方向。而這就是我的『人生道路』（看不見的道）。」

- 「我的人生當中存在著______這個類似『冥冥之中的人生劇本』的東西，而這也像是一種情節（故事）。我覺得這樣東西透過各種痛苦難過的事情，引導我接近它。」
- 「各種痛苦難過的事情，在不知不覺當中將我的人生帶領至______。這或許就是存在於我人生背景當中，類似『命運之路』的東西。」

四、接著，再將這裡寫下的「內容」互相「連接起來」（讓這些內容產生交集）。這麼一來，或許就能更清楚看見貫穿你整個人生的，如同脈絡的東西。這應該會與「上天賦予你人生的『應該完成的使命』」，或是「你誕生到這個世界的意義與目的」有關。

即使你不太清楚這是什麼也沒關係，請試著將直覺浮現的第一個想法寫下來。日後回過頭來讀，或許會產生「似乎有點不太對」這種「異樣的感覺」（詹德林所說的「深感」）。請試著把「異樣感」當成線索反覆重寫，這麼一來就會浮現出準確、貼切的語言。

不需要急，只要先試著寫下來即可。如果覺得「有點不對」，可以馬上重寫，也可以隔半年、一年、兩年再試著重寫。這麼做，也可以找到更貼切的語言。而這也會成為你靈魂成長的證明。

●「上天賦予我的人生＿＿＿＿這樣的使命。」

●「我必須在這場人生當中完成＿＿＿＿這樣的事情。這正是我誕生到這個世界的目的，也是我的靈魂降臨到這個世界上時，刻畫其上的『靈魂任務』。」

●「我終於真正活在＿＿＿＿的人生當中。」

●「我為了完成＿＿＿＿的任務才降臨到這個世界上。這是『我誕生到這個世界上的意義與目的』。」

●「我人生整體的意義、主題是＿＿＿＿。」

化解人生煩惱的八大練習
——資深心理師的獨到觀察，化成你的轉念心法
あなたのその苦しみには意味がある
（初版書名：在痛苦中看見人生最重要的8件事）

作　　者　諸富祥彥
譯　　者　林詠純
社　　長　陳蕙慧
副總編輯　戴偉傑
責任編輯　劉偉嘉（初版）、翁仲琪（二版）
封面設計　Poulenc
內頁排版　謝宜欣
行銷企劃　陳雅雯、尹子麟、余一霞、洪啟軒
讀書共和國集團社長　郭重興
發行人兼出版總監　曾大福
出　　版　木馬文化事業股份有限公司
發　　行　遠足文化事業股份有限公司
地　　址　231新北市新店區民權路108-4號8樓
電　　話　02-2218-1417
傳　　真　02-8667-1065
電子信箱　service@bookrep.com.tw
郵撥帳號　19588272木馬文化事業股份有限公司
客服專線　0800-221-029
法律顧問　華陽國際專利商標事務所 蘇文生律師
印　　刷　前進彩藝有限公司
初　　版　2015年3月
二版一刷　2020年12月

ISBN　978-986-359-849-7
定　　價　320元

國家圖書館出版品預行編目 (CIP) 資料

化解人生煩惱的八大練習：資深心理師的獨到觀察，化成你的轉念心法／諸富祥彥著；林詠純譯.
-- 二版. -- 新北市：木馬文化事業股份有限公司出版：遠足文化事業股份有限公司發行, 2020.12
　面；　公分
譯自：あなたのその苦しみには意味がある
ISBN　978-986-359-849-7（平裝）
1. 修身　2. 生活指導
192.1　　109018743